献给爱人 Maya,
你承担了家里的烟火,让我得以继续"少年";
以及女儿罗安歌,
你的眼神是灵感,你的微笑是魔法,你给我赋能。

结构化课程开发

敏课设计的11个关键点

罗长江◎著

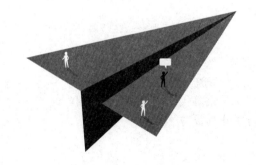

北京联合出版公司

Beijing United Publishing Co.,Ltd.

图书在版编目（CIP）数据

结构化课程开发 / 罗长江著 . -- 北京 ： 北京联合
出版公司， 2019.6
ISBN 978-7-5596-3110-7

Ⅰ . ①结… Ⅱ . ①罗… Ⅲ . ①职业培训－课程设计
Ⅳ . ① C975

中国版本图书馆 CIP 数据核字（2019）第 063397 号

结构化课程开发
作　　者：罗长江
选题策划：北京时代光华图书有限公司
责任编辑：牛炜征
特约编辑：何英娇
封面设计：新艺书文化
版式设计：曾　放

北京联合出版公司出版
（北京市西城区德外大街83号楼9层　　　100088）
北京晨旭印刷厂印刷　　新华书店经销
字数238千字　　　787毫米×1092毫米　　1/16　　19.25印张
2019年6月第1版　　2019年6月第1次印刷
ISBN 978-7-5596-3110-7
定价：68.00元

　　罗长江先生曾任职于名仕领袖学院重庆与成都分公司，是我手下的一名干部。那时他手持相机在授课会场穿梭的景象，我今天犹历历在目，没想到如今他已是颇有名气的课程设计专家了。

　　看了他的自序，我就觉得我再写序真有些多余。但作为他曾经的领导，我应可利用这个机会和一方空间，用他的心得来印证我以前说过的话。

　　20年来，我一直不断呼吁：在我国的发展道路上，当务之急莫过于"教育"与"科技"两端。现在罗长江先生全心投入企管教育这个事业，自是让我非常欣慰的事，这也说明对于我的呼吁，接力者众。

　　我常在课堂上对参会的数百甚至上千的企业家和主管说，派人出去听课绝不是最好的办法。我猜当时会有人认为我矫情。其实我早就注意到，跨国大公司几乎不派人去听外面的讲师授课，因为最了解企业自身问题的毕竟还是自己公司的干部。所以，这本书培养合格的内部讲师的宗旨，以及很多国内大企业开始自办商学院的现象，皆跟我想的一样。

　　给员工上课和给学生讲课是不一样的。在职场上，并不需要太多空洞而艰深的大道理。对此，罗长江先生提出了一个非常有趣的词语——敏课。依我的理解，敏课就是快速（instant）、针对（directive）、有效（effective）。通过阅读本书，大家也会很快就发现，这本书的核心价值就是"如何构思一个非常有用的三小时内训课程"。

这又让我想起"微课堂"和"碎片化学习"这两个流行词。我始终认为学习是一个严谨的工作，而没有条理、逻辑、连贯性的讲授，很难让人建立起完整的知识体系。因此，罗长江先生又提出"结构化"这个概念。我说，这本书绝不是随手翻翻的小书，而应该是所有企业在从事管理研究项目中的重要参考典籍，绝不为过。

我的不少粉丝都说喜欢听我讲课。我认为，这并不是指我的口才了得，应该说是我陈述的道理注重三点，而这三点又是作者在本书中强调的三个要件：简单化、工具化、实用化。真正的道理应该从董事长到员工都听得懂，都可以具体说明，都能在岗位工作上操作才是。

最后再让我强调两件事：

1. 我去美国 / 英国读书，在日本 / 德国工作，最大的启发是先进或高度开发国家一直在探讨"方法"（methodology），而不是仅拿一个模糊的"概念"或"道理"在那里搬弄。

2. 越是古老的国家，越是有很多落后、封闭、固执的观念拖住他们开发的脚步。要改变这些，除了教育（家庭 / 学校 / 企业），我们应该思考，怎样给广大群众建立起新思想、新行为、新习惯。而本书或许会给大家一个不一样的答案。

余世维

　　与罗长江老师相识，是在 2010 年 1 月，当时我为一家企业做一个培训项目，而罗老师所在的咨询公司，刚好选派他来协助我实施中层管理者管理能力提升的系列课程。第一次合作，他就给我留下了深刻的印象，罗老师认真踏实、一丝不苟的做事态度，以及好学上进、积极进取的精神面貌，让人很是欣赏。由他来协助和负责项目的实施，我不用担心会出现纰漏。在后来的多次合作中，这些初次印象都得到了证实。

　　这本书也反映出了作者的这些特点。

　　本书核心由 5 大模块和 11 项任务构成。5 大模块用 5 个 S 来表示，分别是情境层（situation）、结构层（structure）、脚本层（script）、策略层（strategy）和表现层（surface）。而 11 项任务则是指：1. 分析课程需求；2. 描述教学目标；3. 规划主体框架；4. 设计首尾流程；5. 开发知识内容；6. 刻画信息细节；7. 设计老师"讲"的策略；8. 设计学员"做"的策略；9. 设计氛围"燃"的策略；10. 美化讲师课件；11. 完善配套资料。

　　作者围绕本书的核心内容，通过列举较多的例子，对上述 5 大模块和 11 项任务的操作步骤进行了翔实的描述和说明，并形成了一套有自身特色的课程开发体系，启发读者用结构化的思维方法，开发结构化的培训课程，为企业的内部讲师和与之相关的学习者提供了有效、快捷的课程开发工具。同时，这也是作者这些年从事培训工作的积累和总结。

随着社会的不断发展，市场的竞争愈加激烈，而企业之间的竞争，归根到底，就是人才的竞争。企业对人才的选、育、留、用，决定了一个企业最终的发展，其中，"育"是十分重要的一环。如何根据企业的需求，针对企业的实际问题，开发适合企业需要的培训课程，即所谓的课程定制，变得尤为重要。因为只有这样量身定制的培训课程，才更加适用于企业。因此，企业在借助外力的同时，更要建立起内部的讲师队伍，并帮助他们提高课程开发的能力，因为他们的优势是比较了解公司，只要企业内部讲师的人员选拔合适，加上有合适的学习工具和方法，相信就一定能够开发出适合企业的培训课程。

这正是本书的目的所在，相信读者定能从中获益！

三星中国原培训总监

中高层管理者管理技能提升训练专家

张正顺

这是一本很独特的书，聚焦从知识的结构角度来开发课程；

这是一本很有诚意的书，理论、动机、图文表达，一个也不少；

这是一本充满爱意的书，作者把自己的妻子和女儿放在书的第一页！

我相信：心中有爱的人，写出来的书一定是充满真情实意的。

一个稍具规模的企业，每年都会组织员工进行培训，往往都是投入很多，却没有一个满意的回报。究其原因，大都是因为培训课程的设计存在问题。大多数企业的培训需求往往好高骛远，自说自话，甚至很多企业只是从老板（或老板的老板）的利益出发，没有考虑员工的需求，也没有通过培训激发出员工的潜能，这就造成了年复一年的培训浪费。同时，员工是一个具有自我经验、面对陌生问题能够在原有旧知上进行分析的个体，正因为个体之间存在着差异性，其培训需求也是有所差异的。因此在培训中只有满足员工的需求，才能实现其自我价值的提升。

鉴于此，罗长江老师在本书的第一章里就提到了建构主义的教学思想。

建构主义学习理论应用下的教学观区别于传统的教学观，传统的教学观是培训者将自己具备的知识灌输给学员，并不考虑学员是否已具备了相应的旧知，也不考虑学员的需求，更不考虑学员对知识的意义建构和之后能否运用，培训者仅仅把培训工作当成自己的一项工作任务。

而罗长江老师在本书中提到的教学观强调以学习者为中心，培训师在教学过程中不仅通过授课来灌输知识，更要以学员原有的知识为出发点，引导学生建构知识，唤醒他们内在的潜能。学员和培训师的关系由课上讲授、课下分离转为课上讨论、课下联系。同时，罗老师强调，培训师在培训过程中应该倾听学员的看法观点，引导学员去解释问题；学员在培训过程中可以和培训师相互探索，深化自己对问题的探讨解释，从而更好地运用知识。

建构主义哲学强调情境性、协作、会话、意义建构的理论观点，在建构主义应用下的培训课程设计，同样强调了情境性、协作、会话、意义建构在培训过程中的重要性。罗长江老师在本书中用了大量的图表来帮助读者更方便地理解上述内容，他的用心和诚意一定会促进读者对书中内容的理解。

读者在阅读本书时，应时刻提醒自己：教育不是灌输，而是点燃火焰。在一定的情境下，员工在这个环境中能够充分利用自己的经验，更好地运用知识，然后，通过培训师适当的指导，形成新的知识。每一个人所具备的旧知都是不同的，在协作学习的过程中，各个学员能够相互抵消个体的不足，形成新的知识体系。培训过程中的会话即学员之间相互沟通，有助于学员在信息的交流过程中形成新的知识结构。学员的意义建构是培训的目标，在培训过程中，要让学员对知识进行建构，对所学知识产生认知，使其能够在之后面对问题的时候运用这些知识。

2500多年前，孔子就提出了因材施教的教学理念，提倡根据学生的需求去培训。孔子的教学理念发展到今天，出现了建构主义的教学理念，强调了以学员为中心的教学思想。学生并不是一张全白的纸，每个人都是在旧知的基础上进行学习，通过选择性接收知识、升华自我的。通过对本书的阅读，我相信建构主义的知识观和学习观一定会深入读者之心，企业培训课程设计因此也一定会发生巨大改变。

阳明守仁良知处，但见长江滚滚来！

罗长江老师是我非常欣赏的培训界的后起之秀，是培训界少见的拥有超越功利思维的一位思想型培训师，假以时日，他必定是培训界的一束光。

中国人民大学管理哲学博士

《灵魂徒步：阳明心学管理智慧》作者

忘年好友　李安

目 录

I

一套简单、高效、易用的方法论

为什么有这本书

现在，为解决企业的实际业务问题，企业往往聘请外部专家到企业进行培训，然而，这种培训模式的效果越来越弱，企业大部分实际问题的解决还得通过内部的业务专家。为便于复制与传承，内部业务专家希望通过对企业优秀经验的系统整理，提取隐性或碎片化的流程、步骤、方法、工具、模板及诀窍等，将其开发成内部实用课程。然而，这样美好的路径规划在实施过程中常常会遇到挑战，在拥有良好学习氛围且有领导大力推动这项工作的企业中，在消耗了大量人力、物力、财力后，这项工作的实施和推进依然困难重重，不仅容易拖沓难产，而且就算完成了，质量也不高。

究其原因，最根本的是，业务专家毕竟不是教学设计专家。

企业内部培训师的能力，大体可以分为两大方面：课程设计与开发能力和课程的讲台表现能力。从经验上看，对大多数老师来说，前者的难度要远远大于后者；如果前者做好了，也能最大限度地提升完成后者的信心。因此，如何提升企业内部专家课程设计与开发的能力，就成为重中之重。而本书的创作思路也由此而生。本书聚焦于内训师实际授课前的各种教学设计（备课）。

对很多企业来说，因为业务需要，很难有大段时间进行一门内部课程的集中培训，但也不想选择像微课那样只有十分钟左右的线上培训方式（这类课程往往只作为补充）。同时，绝大多数内训师是兼职的，他们有自己的本职任务，所以这项额外的开发工作不能占用太多时间。通过大量的培训实践，我们发现，大多数企业需要开发的课程的时长是三小时左右。这既不像传统课程那样需要专业教学理论与复杂开发流程支持，也不像移动互联网催生的以信息的流体包装与方便传递为主的微课，因此，我们把这类需要快速产出的三小时左右的课程叫——敏课。

敏课不但强调实施课程时间短而不微，更强调开发过程的快速与敏捷。敏课的开发周期不能过长，而是在第一个版本开发时积极投入，短时间内突破最难的部分，快速产出，获得成就，之后根据反馈不断更新迭代。

读者对象

本书就源自这种需求下的快速教学设计方法论，**是为企业内训师快速开发课程服务的。同时对于为企业开发以学员为中心的课程的职业培训师**，本书也具有较强的参考价值。无论是企业内训师，还是职业培训师，他们都应该是开发课程的"内容专家"，对内容有经验，有理论，有话语权。

使命与特色

这套敏课技术方法论试图提供一种方便内训师快速上手的课程开发框架。它背后的支持理论是国际上本领域大师的学术研究成果，如加涅、梅里尔、迪克、凯瑞等的研究理论。本书站在巨人肩膀上，结合企业内训师的群体特征与时代特征，对经典的教学理论进行了精简与重构，试图为内训师提供一套"简单、高效、易用"的开发逻辑与方法。其使命是，**复杂的教学系统简单化，深奥的设计原理工具化。**

章节逻辑

敏课开发技术把课程的开发逻辑划分成5个顺序层级，从下往上依次是情境层（situation）、结构层（structure）、脚本层（script）、策略层（strategy）和表现层（surface），每个层级会有很多具体任务，敏课开发过程只聚焦那些影响课程进度、质量、难以掌握的最关键的2~3个任务。5个层级加起来共11个任务，分别是：

- 任务1：分析课程需求；
- 任务2：描述教学目标；
- 任务3：规划主体框架；
- 任务4：设计首尾流程；
- 任务5：开发知识内容；
- 任务6：刻画信息细节；
- 任务7：设计老师"讲"的策略；
- 任务8：设计学员"做"的策略；

◉ 任务9：设计氛围"燃"的策略；

◉ 任务10：美化讲师课件；

◉ 任务11：完善配套资料。

我们将这个开发逻辑归纳为敏课开发的5S模型，如下图所示：

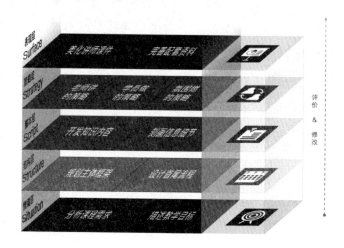

这个图是本书的核心架构，后文我们还会提到这个图，并对其进行详细解读。此处只为让大家有一个整体认知。

依次完成这些关键任务，即从0到1构建课程的过程。需要说明的是，评估（或评价）是在每个环节中都存在的工作，是敏课开发过程中一直伴随的理念与动作，所以我们在课程开发模型中并不把评估当成单独某一阶段的任务。

本书的"课程开发"更多从"教学设计"的角度出发，包含实际授课前备课的一切准备工作，所以便包含了教学策略、授课方法、活动设计等内容，它们都在策略层里。

本书的章节就是按课程开发的步骤推进的。

◉ 第一章：阐述为什么课程开发需要"敏"，打好基础理念；

◆ 第二章：总体介绍敏课开发模型的关键要素；

◆ 第三章到第七章：具体介绍敏课不同层级及其包含的关键任务，提供完成此任务的概念、原则、步骤、要领，重点在第四章（结构层）和第六章（策略层）；

◆ 第八章：阐述与课程评估相关的概念及工具。

约束性设定

5个开发层级，11个关键任务，多个操作步骤与具体方法，加上应用案例……这些翔实的内容加起来可以写成厚厚的"砖头"书。在如何为读者提供"简单、高效、易用"的课程开发方法的问题上，我进行了多种权衡，最终定位在"为读者提供思维框架与关键工具"的基点上；在保证基本逻辑框架的完整性基础上，只对重点、难点、关键点进行深入阐述，并提供推荐的实用工具，严格控制页面数量；为减少大量文字带来的阅读压迫感，辅以图示、列表、清单等视觉元素；注重版式的审美性，在排版上适当留白，并用双色印刷。

这些约束性设定，就是为了读者能在阅读时如敏课初次开发一样，一气呵成，快速获得积极的反馈与自信。

阅读与模型使用建议

本书最大的目的与特点是：以结构化的内容编排，手把手教你用结构化的方法，一步一步开发出结构化的课程，并试图帮你打通结构化思维的任督二脉。

尽管目前我们获得知识的机会比以前多很多，但多年来，我们内在的学习机制并没有改变。本书章节逻辑很清晰，但初次阅读时，我不建议读者跳读，因为每个章节之间的逻辑环环相扣，常相互引用，不经历前面精彩的推导过程，就会难以理解后面一些关键点，更不用说能打通敏课开发的"任督二脉"了。

使用这套技术的读者首先要做的是，相信本书的模型，以其作为开发课程的参照框架。虽然本书不重点提及复杂的理论，但这些元素都有其背后的教学原理支撑，并且此模型经过了实践验证——已经有大量的企业及内训师从中受益，如华为技术、美团外卖、顺丰速运、北京金融街、中铁二院、力帆汽车、重庆高速、湖北农行等。

随着实践经验的增加，读者要做的是，相信你自己！原创性地解决问题所需要的灵活性、洞见性和创造性均存在于有经验的头脑中，而不是固定的模型中。在课程开发过程中遇到的各种问题，要调用自己独特的策略来解决。"正如从事任何复杂的工作一样，那些不能摆脱对他人的依赖而独立执行任务的人，将永远不能掌握教学设计的学问。"

反馈与交流

任何模型都是为了解决某些特定的问题而存在的，也会根据问题的变化而不断修正，纵使读者看到本书时，此敏课开发模型已经迭代过多个版本，但受个人学识与经验的限制，加之成书仓促，难免有考虑不周的疏漏或偏激之处。本着建构主义的反馈精神——反馈是敏课开发技术的重要原则，欢迎读者朋友能与我反馈交流，提出一些使本书能更好满足内训师需求的意见，让我们在交流碰撞中共同成长。

第一章

课程开发需要“敏”

情境层	结构层	脚本层	策略层	表现层
Situation	Structure	Script	Strategy	Surface

这些经历你是否很熟悉

随着业务的快速扩张，公司对员工的数量与质量要求越来越高，老板要求梳理内部课程，并开发十几门新课，以应对接下来的企业内部培训。这是与公司战略挂钩的事情，老板说一不二。而对培训部门来说，当下时间紧，任务重，压力山大。

作为培训负责人

你努力梳理了要开发的主题，分配给对应管理者或业务高手后，松了口气，期待两个月后验收他们的课程成果……可到了交作业的日期，你发现自己当初的设想太简单了，没有一个课程按计划上交，大家各有自己的合理解释。

求爷爷告奶奶，终于，在你的"威逼利诱"下，一小半人在原定日期过了一周后陆续提交，剩下的人你催一点儿动一点儿，三番五次后双方都相互不好意思了，原先好好的事情现在弄得很尴尬。一个月后，你忍无可忍了，不行就自己来做吧，把那些你好像稍微懂点的课题揽过来，到网上找资料拼凑 PPT。

应付交差的做法并不是你的初衷，你知道"出来混迟早是要还的"。这些质量不高的课程在实施现场遭遇"滑铁卢"，差评如潮，学员不满意，上课积极性更差了；老板的脸色越来越难看；各方都感觉费力不讨好。你当初心心念念要投身的培训事业现在变得那么讨厌，你的压力越来越大，觉也睡不好，很多事情陷入恶性循环。

接下来还有大量课程待开发，那些内部业务专家肚子里有货难倒出，形成不了好的课程，他们需要提升教学设计的技能。如何提升呢？以往关于 TTT（培训培训师）的课程让你并不满意，基本原因在于相关培训——

- 要么过于专业与复杂，内训师难以理解和运用；
- 要么没有核心理念指导，观点摇摆甚至矛盾；
- 要么没有提出成型的方法论，学完后难以转化成稳定的能力；
- 要么把学习提升和实际任务分得太开，课中练习都用设计好的通用案例，课后才让学员来开发自己的课程，没氛围、没反馈、难度大，作业催收难，推进慢。

作为课程开发者

在公司服务已经十年有余，虽然工作很多，但你在自己负责的领域得心应手、游刃有余，也经常在内部做技术分享。今年公司启动内部经验传承计划，对"老司机"来说，包含了各种诱人的激励政策。经过选拔，你顺利入选成为计划中的成员，这是很令人激动的事情。

你首先得到的是一个课程开发的任务，虽然你做了不少非正式分享，但现在要开发成一门完整的课程，还要沉淀成组织智慧，这确实是不小的困难。不过，你有两个月的时间来完成。

开始的时候，你按自己原来的思路做了计划与整理。在你想交差时，你看看自己的成品，总觉得不应该是这个样子的，你不应该对这个课程应付交差，这是不负责任的，它应该好很多才对。反正还有时间，于是你想重新做一次，换个角度与思路。

刚好到了业务繁忙的旺季，工作上的事情变得越来越多，你也越来越忙，你甚至忘记了还有课程开发的任务在身，直到交差前一周收到培训负责人的"温馨"提醒，你顿时变得紧张起来。一周开发一门课程，这太难了！任凭你如何紧张与折腾，交差当天，你都会和别的开发者一样，没有完成。

在培训管理者紧锣密鼓的催促下，一周后，你终于交差了。但你其实并不感到轻松，因为你并不满意这个课程成果，觉得课程在关键的逻辑结构上不太好，但只能先应付着了。你现在对课程开发有了从未有过的感觉，不算讨厌，不算恐惧，不算抗拒，但远没有以前的喜欢与成就感了。

你是个经常自我反省的人，回顾这个不好的经历，你认为原因有：

- 你自己的本职工作任务量大，你的领导重业务，并不考核你的课程开发情况，课程开发任务让你分身乏术。

- 平时的分享经验你积累了不少，但还处于游击队状态，缺少专业指导，你觉得自己还不是正规军。

- 虽然你自学过一些课程开发或教学设计的技术，但这些技术还是太难了，你根本看不下去，更不必说理解和掌握了，你期待一些拿来就能用的简单方法。

- 你觉得没有足够的开发氛围，这让你把开发时间拉长，以为可以每天完成一些，但往往坚持不了几天就宣告失败。如果下一次还有机会，你希望找个周末，关门突击两天；如果能和别人一起组队开发，那就更好了。

- 公司发展太快，你对以前的数据、案例不满意，但你又不知道怎样更快得到并撰写出这些素材……

VUCA：时代对敏捷开发的呼唤

以上课程开发项目的糟糕经历，我想本书的很多读者都体验过。要避免这样的情况，培训负责人可以从外在的开发环境与规则上下功夫，比如安排工作坊形式的集中开发，创造良好的开发环境。而课程开发人员可以从内在开发模型与方法入手，提升自己的教学设计能力。本书我们重点讨论的是与内训师教学设计能力相关的情况，努力让内训师适应快速变化的时代要求，花最少的时间开发出一门实用的课程。

快速变化时代要求企业的每一个人都要跟得上。这些变化特征集中表现为易变性（volatility）、不确定性（uncertainty）、复杂性（complexity）、模糊性（ambiguity）。这个源于军事领域里的词语——VUCA，在企业的培训领域里同样适用，你会发现：

- 领导提出的培训需求变化性较大，昨天与今天不一样；
- 有些时候，课程需求并不总是可以被精确描述的；
- 课程需求的时效性越来越短，等做好绩效分析、工作分析、任务分析，公司已经调整了战略，原来的课题被暂时搁置了；
- 新问题不断出现，头痛医头的方式注定是行不通的，需要系统分析，找到关键问题；
- 课程内容的生命周期越来越短，大费周章地把针对产品3.0的培训课程开发出来，产品已经升级到5.0了；

● 职位变动越来越频繁，包括提出培训需求的发起人；

● 人员离职越来越常态化，包括课程的开发人员；

● 新技术不断出现，行业环境日新月异，一不留神就落后。

我曾与华为进行课程 "ICT 产业趋势与运营商转型战略" 教学设计项目的合作。这个项目历时八个月，课程内容进行了多次更新，最初版本与最后版本相比较，有近半内容发生变化。

这并非说明开始时开发人员在内容选择上有不准确之处，事实上，这个课程内容是经过多位内容专家共同商讨的结果。而且，虽然此课程每次实施时都收到不错的反响，但再次实施前，开发人员与授课老师都会对内容与相关数据进行重新评估，以保证内容与时俱进。

在课程开发过程中，并非要等到所有问题都稳定清晰、表现确切了再进行教学设计，课程开发的正确打开方式是，**就当前的需求先快速做出可用的版本，之后根据实际调整优化，更新迭代。**

ADDIE：杀鸡焉用牛刀

课程开发如何一步一步从无到有，从 0 到 1？最经典的过程指导模型是 ADDIE 模型 [分析（analysis）、设计（design）、开发（development）、实施（implementation）、评价（evaluation）]，它已经成了几乎所有教学设计或课程开发模型的母模型。

ADDIE 模型的流程与包含内容如表 1–1 所示。（来源于加涅的《教学设计原理》，为了保持原汁原味，在此没有做改动。）

表1-1　ADDIE 模型的流程及其内容

分析（A）	1. 确定需要，即要利用教学来解决问题； 2. 进行教学分析以确定教程的认知、情感与动作技能方面的目标； 3. 确定期望初学者需要具备的技能及哪些技能会影响对教程的学习； 4. 分析可利用的时间及在这段时间内可以实现多少目标
设计（D）	1. 把教程的目标转换成表现性的结果与主要的教程目标（单元目标）； 2. 确定所涵盖的教学主题或单元及用于每一个主题或单元上的时间； 3. 依据教程目标安排单元顺序； 4. 充实教学单元，确定每一个课程与学习活动； 5. 开发出评价学生已习得的具体标准
开发（D）	1. 确定学习活动与材料的类型； 2. 起草学习材料或学习活动； 3. 在目标受众中进行材料与活动的试用； 4. 修改、精炼、生产材料与活动； 5. 开发老师培训或附加材料
实施（I）	1. 购买材料以便为老师或学生采用； 2. 在必要的时候提供帮助与支持
评价（E）	1. 实施学生评价计划； 2. 实施教学评价计划； 3. 实施教程维护与修改计划

　　细心的读者会发现，经典的 ADDIE 覆盖了教学设计的全流程，它以课程设计与开发为主要阶段，同时包含了设计出来的课程成果在课堂上的试用与正式实施阶段。经过多年发展，ADDIE 已成为最经典的教学设计流程，也是其他教学模型的参照模型。

　　同时我们注意到，这个模型并不太好理解，它提供了一种模型性参照，具体实施开发时还有很多细节工作。为了开发的规范化，在 ADDIE 要求下，开发过程会有不少过程性文档产出，这是不小的工作量。企业的很多课程，如果完全按 ADDIE 方式开发，会过于厚重，甚至烦琐，它更适合专业的教学设计专家。企业兼职内训师本来只想找一把便携手枪，为何去撼动重型大炮？杀鸡焉用牛刀？

敏课开发宣言

一般来说，企业内部课程允许的面授实施时间是三小时左右，多数由内部业务专家来完成。无论是企业还是内部专家，都希望这些课程能不费太多时间就可以快速产出、交付，然后在投入使用的前期、中期、后期不断优化调整。我们把在这种需求背景下的这类课程叫"敏课"，它强调的是开发过程与实施过程的轻量、快速、敏捷。

以下是敏课开发宣言，也代表了敏课的典型特点。如表1-2所示。

表1-2　敏课的典型特点

内容领域专家	胜过	教学设计专家
集中开发	胜过	积少成多
可用于授课的课件	胜过	面面俱到的文档
响应变化	胜过	遵循计划

虽然表1-2中右列也具有价值，但对于敏课开发来说，左列具有更大的价值。

敏课开发的本质是提供一种更精简与高效的课程开发方式，启迪人们重新思考课程开发中的价值和如何更好地工作。用好敏捷开发的思维，让我们：思考灵敏、方法得当、行动迅速、效果显著。

第二章

敏课开发5S 模型

情境层
Situation

结构层
Structure

脚本层
Script

策略层
Strategy

表现层
Surface

参加一场培训所感知到的

即使没有开发课程的经验，你一定也有过以学员身份参加培训的经历。成熟的企业总会为员工安排很多培训。对员工来说，从入职开始，几乎每年、每季度、每月甚至每周都会有各类培训。要了解敏课开发的5个层级，我们从参加一场普通的培训开始。

表现层

早上，你是第一位来到培训教室的学员，教室里正播放着优美的音乐，你一眼就看到了讲台投影仪上讲师的PPT，第一页里写着今天要培训的主题；你在签到处签了名，找了个位置坐下，发现在精美的桌布上摆好了学员讲义，封面设计得很漂亮；你随手翻开，阅读了前面的提示语及课程说明，进一步了解了课程的主题内容，此时你已经做好了接受培训的心理准备；这时你抬头看到墙上贴了不少海报，有的是图片，有的是模型，有的是需要填充内容的线框；环顾一圈后你注意到一个细节，在讲台处有不少卡片与活页试题，还有用于积分奖励的金币及一些礼品。与以往的培训相比，今天教室的布置确实有不少变化。你等待其他学员的到来，对课程充满期待。

策略层

终于，课程开始了。课程助教介绍了基本情况后，带大家做了个时长五分钟的 bingo 寻人游戏。助教"现在开始"的话音刚落，大家的热情就被点燃了，几乎所有人都站了起来，争分夺秒地找到其他人在对应描述的单元格中签名。如此热闹，空气中满是令人兴奋的元素。游戏结束，五分钟前大家因不认识的陌生感消失大半，几乎所有人都能以更加开放的姿态与更和睦的心态迎接课程。

老师讲得很精彩，所用的案例大多与学员实际工作相关，加上老师深入浅出的分析，大家听得很入神。在讲到"制度与人情的权衡"模块时，老师抛出两个问题让大家以小组为单位进行讨论。你的组长积极负责，做好组织促进工作，大家越讨论越兴奋，问题也越深入，每个人都发表自己的看法。一位组员记录了大家的想法，并提炼汇总成小组的观点与解决办法。之后老师让小组代表上台分享，并对分享内容做了点评与补充，肯定方案亮点，也指出容易被大家忽略的重要知识点。

脚本层

本主题讨论的最后，老师在总结时给了一种综合大家意见的解决方案，并呈现在一页 PPT 上，大家都觉得非常好，并纷纷记录在自己的讲义上。其实要做笔记的地方不算多，讲义里面或多或少地包含了大多数知识点，但不完整，那些空缺处正是需要现场完善的。有些时候来不及记笔记，尤其是带有模型图的内容，有人用手机拍了当页幻灯片，并共享到班级学习群里。

结构层

你翻看整本讲义，发现这些具体内容其实是有一定逻辑的，从最开始的角色认知到最后的领导艺术，每个模块之间既相互独立又形成顺序关系，有一条线索串联其中。在每个模块的内部，老师的教学方式也很严谨，很有逻辑性。比如每个模块开始时，总会有一个包含相同角色的故事，这些故事按一定的情节发展编排，每个故事都会引出一个与本模块相关的话题。而在每个模块结尾必有总结，同时提出一个引发学员深入思考的延伸问题。

情境层

这并不是你与本次课程的初次接触，你想起在课程开始前一周的一些事情，当时，你收到培训组织者发来的一个问卷链接，要你在当天认真填写并提交。问卷内容包含你的个人基本信息和你的相关工作困惑，还了解了你对本次内容原有知识的掌握程度，最后是问你对本次培训的一些期望。

培训结束后过了两天，你接到培训老师打来的电话，他就几个开放式的问题和你深入地双向沟通。当你提到一些现象与问题时，老师试图引导你分析其中的原因。你们相谈甚欢，你甚至主动分享了你对公司开展本次培训的一些个人看法和态度。

敏课开发的要素

毫无疑问，你是幸运的，参加了一次令人印象深刻的培训。但并不是所有的课程都有这样的设计效果，在任何一个层面出了问题，都有可能会让课程偏离目标。

现在，让我们恢复角色，你现在不再是学员，而是一位老师，你即将开发一门课程。我们从表象背后的源头开始。

情境层

情境层，顾名思义，即要做的工作是情境分析，这是接到课程开发需求后让混乱的思绪清晰化首先要做的事情。要构建一门课程，你得了解为什么要开发它。遇到什么工作上难以解决的问题了吗？或者只是对公司战略的配合动作？课程是给谁上的？他们有什么样的特征与偏好？要上多长时间？课程培训通过线上还是面授方式？他们学完后能达到怎样的水平？学员哪方面原来不会的学完后会了，原来不够好的学完后变好了？有什么可利用的资源？你可能会遇到什么挑战？希望得到怎样的支持？公司的学习氛围如何？等等。

对于敏课开发，此阶段最重要的是对差距的分析，而差距是由现状与理想的不一致造成的，所以这个层级里包含两个关键任务，即分析课程需求和描述教学目标。

这个层级很重要，是课程开发的出发点与归属点。但不必花过多时间，因为我们假定课程开发者本身是内容专家，在该领域有经验、有理论、有话语权，甚至带教过不少下属或徒弟，对于课程的方向与内容有基本的判断能力，所以涉及绩效分析、工作分析等任务，我们只需要简单了解即可。

其实情境分析不只是课程开发要做的事情，而是任何项目尤其是开发类项目在立项的时候都要进行的阶段。

结构层

经过情境层的思考，明确了要开发的方向，对要解决的问题也有了初步的想法与方案。接下来在结构层要思考的事情是，按怎样的顺序来组织这些想法与内容？整体上主体内容要分成几个模块？每个模块之间的关系如何？如何找到这些模块间的逻辑？怎样的顺序更有利于学员的理解？每个模块内部包含什么要素和教学逻辑？课程及某一模块的开头如何设计更吸引人？而结尾要怎样设计才能在最大限度地促进学员的学习迁移？等等。我将其概括成两大关键任务，即规划主体框架和设计首尾流程。两者中，前一个任务是关键中的关键。

这部分正如搭建房子的框架一样，其作用与影响之大不言而喻。在课程开发工作坊的现场，对大多数开发人员来说，结构层几乎是花最多时间的部分。如果思考不够周全，就会导致因整体课程的功能需求的变化而来回修改本层的逻辑设定。这是伤筋动骨的事情。

敏课开发的结构符合金字塔的逻辑特征，但我们不用金字塔的形状，而改用一种更经典的二维矩阵表（图）来呈现，它由横向和纵向两个维度组成。它提供了一种精简的方式来思考横向大模块的搭建；在纵向小模块的安排上提供一个经典的母流程，可以在其逻辑框架基础上进行变式设定。

脚本层

经过结构的矩阵搭建，很多纵横交错的线条构成了多个整齐统一的"格子"，这就是一个个最小的知识单元，接下来要做的自然是"写脚本"——在这些空格里填充具体内容，这些内容由对应的横向及纵向维度控制。内容的来源主要有直接知识（干货）和间接知识（湿货），最难的是直接知识的获得即经验萃取。无论是"干货"还是"湿货"，对于教学来说，都远远不够，还需要更多的细节刻画，要对内容信息进行有效编码，并提供"支架"加以更详细的阐述与呈现，让学员更好地理解、吸收、记忆、提取。这个过程是以认知心理学的理论背景为基础的。这层的任务是，开发知识内容，刻画信息细节。平常提到的"干货"多数时候指的是这层级开发的知识点，课程有没有用，也主要看本层。脚本层是最能考验开发者作为内容专家的身份的。

策略层

经过前三个层级，相对稳定的内容已经初步成型，如果写一本书，基本可交差了。但教学不是，教学需要把这些静态的内容以动态的方式传播出去，让学员的学习更高效，对某些重点知识理解更透彻。策略层就是通过各种场景氛围的营造及教学活动的安排，让学员参加到教学中，真正成为教学的主体，体现了以学员为中心的理念。这需要教学策略的有效运用。教学策略分解为三类最常见的集合：老师"讲"的策略、学员"做"的策略、氛围"燃"的策略。每一策略下都提供了相应的要素、流程或方法。

表现层

这一层类似于冰山在水面上看得见的部分，由大得多的看不见的部分支撑着。表现层表现了我们在培训课堂通过视觉观察到的形式。从第一层开始到第四层，讲师课件中的内容就不断被构思与填充，这层级进行的是汇总、补缺、排版的工作。可千万别轻视这个步骤，这也是很多课程开发模型与5S开发模型不一样的地方之一。敏课强调快速产出可用于交付的成果,讲师课件是最核心的交付成果。除此之外,还要根据实际情况的需要进行配套资料的编制与撰写。我们把这些任务集中描述为:**美化讲师课件,完善配套资料。**

如果从下往上走完了这一层级,要恭喜你,敏课开发已经取得重大的阶段性胜利!经过多方反馈后进行修补,你的作品1.0版本便可新鲜出炉。看着自己努力的成果,摸上去还热乎乎的,这是非常有成就感的事情。

这些层级与任务组成的开发模型如图2-1所示。

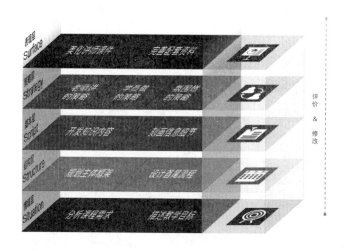

图2-1 敏课开发的5S模型

应用敏课开发要素的原则

敏课开发由这样的要素组成:5个层级,11个关键任务,多个具体步骤与方法。在应用这些要素开发课程时,如果能遵循以下原则,就会让开发过程更省力，成果产出质量更高。

从下往上

从下往上构建是高效的方式。在敏课开发的5个层级中，自下而上是按大体的时间顺序进行阶段设定的，越下层越抽象，越上层越具体。如房子是从最底部的一层开始逐渐向上，也如冰山的形状，看得见的上层由大量看不见的下层支撑。某些时候，第二层（结构层）与第三层（脚本层）在思考与操作上可以反过来，先共创、萃取要包含的知识点，再用一定的逻辑进行归类、整理、串联。

叠加思考

虽然我们是按层级划分要素，但在实际开发过程中，并不是只有每一个层级结束之后才能进入下一步骤，而是需要系统化的思维，在进行任何一个层级的任务时，不只要思考本层级的事情，还要思考其与上下层级间的联系，相互照应，避免因各自为政而导致用户体验下降。从资源与思考的投入上来看，敏课开发各层级间有一定的叠加性，这也是敏课开发与传统"瀑布式"开发的不同之处。如图2-2所示。

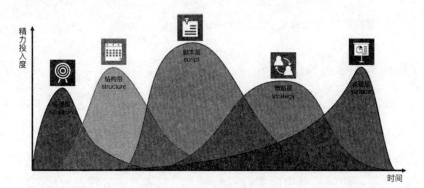

图2-2　资源投入分布图

随时评估

评估的动作没有独立作为一个任务被包含在任何一个层面中，也不是等课程开发结束后再进行总结性评估。评估是随时反馈与修改的过程，发生在任何层面、任何任务里，是伴随始终的动作。尤其在脚本层里涉及具体内容的提炼与安排时，要随时问自己："这些内容是大家需要的吗？是解决问题的最佳实践吗？足够优雅吗？"这些问题的答案将是课程质量的保证。本书的最后将单独列一章论述如何更好地评估，并提供详细的评估指标清单。

教育不是灌输，而是点燃火焰

苏格拉底说："教育不是灌输，而是点燃火焰。"这句话点醒了无数传统的教育工作者，也包括我自己。这句话是教育理念中的"道"，指导教育过程中的其他动作，融入了课前、课中、课后的每一环节。内训师的教学设计过程，也要处处体现这句话的理念精髓，在设计中了解成人的学习特点，随时把学员放在教学的中心，以问题解决为教学设计导向，在教学过程中注重对积极学习氛围的营造，等等。

了解成人的学习特点

成人学习者与传统教育中的学习者有不少相似点，又存在着大量不同。成人的学习是获取知识和专业技能的过程，目的是有效解决工作中的问题。同时，他们想要控制自己的学习过程，是能够自我指导的个体。以下是传统教育中的学习者与成人学习者的部分特征对比，如表

2-1所示。

表2-1　传统教育中的学习者与成人学习者的部分特征对比

学习行为	传统教育学习者	成人学习者
学习取向	以学科为中心未来取向	以问题为中心结果取向
学习意愿	依赖别人为他们设计学习 不太愿意为自己的学习负责	主动寻找可用于自身的培训 通常会为自己的学习负责
对新内容的态度	乐于接受 不需要先尝试 不太主观	通常持有怀疑态度 接受之前先试一试 非常主观
允许的学习时间	几乎全部的时间 集中，连续不断	只有很少的专门时间 分散，按需而定
师生关系	往往是不平等的 老师是传授知识的权威	内部绩效伙伴关系平等 老师是学习的促进者

无论是教学设计还是内容开发，我们都要考虑学习对象的特点，这也是"以人为本"精神的体现。

以学员为中心

当代人本主义学习理论、认知主义学习理论、建构主义学习理论都不约而同地强调"以学员为中心"。尤其是人本主义的学者主张，相信人都有发展的潜能，只要创设良好的外部环境，人就能解决自己的问题，就像只要提供适当的水分、温度，种子就一定会发芽一样。时下流行的行动学习、引导技术、教练技术、私董会等学习形式也是以这样的假设为前提的。

> 当你把在学校学到的东西都忘掉后，剩下的就是教育的真谛。（爱因斯坦）

因此，在教学设计中，我们也要做到"以学员为中心"，具体做法如下：

- 充分考虑学员的先前经验、兴趣专长、认知偏好、群体特征等因素；
- 对学员进行正向引导，营造良好的课堂氛围；
- 在课程的调研、开发、实施环节都尽量安排学员参与，把更多的控制权交给学员；
- 案例的选择要与学员的实际工作相结合，更好地激活学员的旧有经验；
- 协作学习，尊重学员的社交需求；
- 多让学员进行自我评估与反思。

以问题解决为导向

成人是带着一定的问题参加学习的，他们希望能立即应用培训中学习的内容，而且，当新的知识在真实的工作情境中呈现时，他们会学得更好。关于这方面的研究，库伯的经验学习圈给我们提供了很好的理论模式。该经验学习圈有四个步骤，即具体经验、观察和反思、形成抽象的概念与概括、在新情境下对新概念的实践与验证。我们可以把这四个步骤用于教学策略中，多围绕学员的问题，设计能促进学员积极参与的教学活动。（详细做法会在教学策略章节里展开。）

灌输与点燃火焰在教学设计中的区别表现

我们试着对灌输式教学与点燃火焰式教学的表现区别做些举例（从老师角度出发），如表2-2所示。

表2-2　灌输与点燃火焰在教学设计中的区别表现

灌输	点燃火焰
不必了解学员的情况,认为他们对内容提不出好的看法,不必多此一举	了解自身在本领域的专业经验,兼顾学员的吸收接纳情况,充分调研
课程大而广,新员工和老员工上的课都是几乎同样的内容	针对不同学员的技能水平,课程的侧重点差别大,甚至重新设计
一开始就要求学员有"空杯心态",这样才好将老师准备的内容倒进去	善于激活学员的旧知,让学员的旧知与新知充分建立联系,并用旧知理解新知
课程尽是大量的常识与看起来很正确的大道理,学员不感兴趣	聚焦学员的工作任务与实际问题,展开深入的分析与实践,促使学员自动自发
老师滔滔不绝讲了很长的内容,学员有心无力,失去信心与兴趣	设计多样化的教学活动,问题设置难度适中,积极引导,让学员充分参与
按部就班地推进原先设定的内容	随时观察学员的状态,灵活调整教学策略
强调标准或唯一答案	引导可能的方案,与学员达成共识
习惯性看到学员不好的一面,否定性评价为主	赞美学员的进步,鼓励他们独立思考,追求更大的成绩

日后,无论开发课程还是实施课程,我们都要把"教育不是灌输,而是点燃火焰"的"道"植入内心深处,进而对外在层面关于"器"的使用时才能深入领会,如虎添翼。

有了正确的理念,接下来我们着手开发吧!

第三章

情 境 层

 情境层
Situation

 结构层
Structure

 脚本层
Script

 策略层
Strategy

 表现层
Surface

● 关键任务 ●

分析课程需求
描述教学目标

分析课程需求

培训需求分析流程

培训需求分析与课程开发需求分析是指向不同维度的两个既有区别又有联系的概念。培训需求分析是宏观和基础层面的，输出的结果是确定要不要培训以及要做什么课程方向的培训。而课程开发需求分析是建立在前者的答案基础上的，这时候的课程开发需求已经被确定，到了找人来开发的阶段，要做的分析重点是本领域内的学习对象出现了什么具体问题，课程如何安排才能解决，输出的结果是明确培训对象以及他们关心的问题，希望培训后能收获什么。

培训需求分析是课程开发需求分析的上位动作（或前序动作），内训师涉及得不多，且所需要的技术非常专业和复杂（如环境分析、组织分析、工作分析、绩效分析、人员分析等），往往由培训管理者或外部专业机构来实施。这不是敏课开发讨论的重点，我们仅仅做流程上的介绍。如图3-1所示。

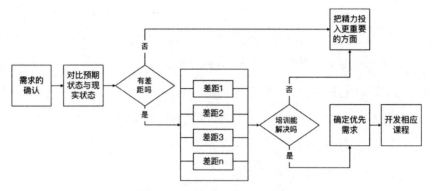

图3-1 培训需求流程分析图

从培训流程上看，培训源头是工作状态的差距分析，进而聚焦到可通过培训解决的问题上来，之后进行相关课程的开发，从而衔接到课程开发人员的工作上。

课程开发需求分析流程

培训需求分析一般由培训管理者负责，经过分析后确定了要开发的多门课程，通常只是框架性的。接下来会选定开发人员（该课题方向的业务专家），分配开发任务。这时候前期分析的接力棒交到了开发人员手中，开发人员要对自己所负责的领域进一步了解与分析。基本思路也是差距分析：期望的状态与现实状态的差距。

我们把此流程细化成了更好操作

> 如果我们要设计一所住宅，我们就必须考虑住宅的用途、居住者的性质及其需要、预算、时间限制与必须利用的资源。这些事情与我们在教学设计中所做的本质上是一样的。（加涅《教学设计原理》）

的七个步骤：

步骤1：确认开发领域／方向；

步骤2：对比现实状态与预期状态的差距；

步骤3：排除非教学方式能解决的因素；

步骤4：通过调研进一步掌握问题；

步骤5：考虑学员的情况及资源的限制；

步骤6：界定通过教学可达成的预期目标；

步骤7：确定课程主题与主要内容。

对本流程中的步骤4和步骤5，我们通过列表或清单的方式给出思考方向；而步骤6所需要做的事情更有难度，在后面将其作为单独任务来专门阐述。

课程开发需求调研常用的五种方法

课程开发需求调研有多种方法，最常用的有五种，我们列举了不同方法的优劣对比及使用建议。如表3-1所示。

表3-1　课程开发需求调研常用的5种方法

调研方法	优点	缺点	注意事项
问卷法	量大、高效、成本低、题目灵活、信息易整理	不能确保回收率，真实性难保证	以封闭问题为主，线上进行
观察法	通过仔细观察容易发现存在的问题，尤其适合收集态度类问题	容易被观察者察觉，使观察结果与实际有偏差	多角度、长时间进行，可用录像形式或陌生拜访

（续表）

调研方法	优点	缺点	注意事项
测试法	在确定是否因缺少知识、技能或态度而产生的问题时十分有用，且结果容易量化和比较	题目设计的科学性要求高，难以保证测试的知识技能在工作场所的运用	可与问卷法一起进行
案例收集法	得到大量用于培训课程的直接素材	学员写案例时间较长，不能确保提交率	提供案例模板和相关示例，降低写案例的专业要求；案例使用要进行艺术化加工
关键人物访谈法	操作简单，成本低，可同时获得多人（发起人、组织者、学员领导、代表性学员等）的观点与看法，了解更深入	存在较强的个人偏见，如果被访谈对象选取不具代表性，则导致片面理解	要明确发起人的目的，面对面访谈时，鼓励对方多列举观点背后的现象或事实

问题的本质是理想与现实的差距。于是，所有问题可以分成三大类①。

恢复原状型问题。这是不利的情况已经显现出来的一类问题。只要恢复原状就等于解决了问题。平时大家说的"问题"，很多情况下指的就是这种恢复原状型问题。

防范潜在型问题。指的是尽管不利情况尚未显露出来，但一旦任其发展，情况就会变得很糟糕，往往伴有紧急属性。维持原状，使之不继续恶化就等于解决了问题。

追求理想型问题。指的是没有恶化且置之不理也无妨的问题。之所以称之为问题，是由于理想与现实之间存在差距，有些问题还有进一步改善的可能性。这是一种有改善余地类型的问题，实现理想便是解决了

---

① 这是高杉尚孝提出的高效发现问题并设定课题的有效框架。

问题。

　　问题收集与分析不要仅仅看到已经发生了的"问题"（恢复原状型），如工作绩效没达标、操作流程不规范、看到客户来不知道打招呼、与客户吵架、去年业绩急剧下滑、没做好现场管理、招聘面试技巧使用不当、公文写作的错误之处等；也需要考虑另外的两类"问题"（防范潜在型与追求理想型），如考虑岗位的变动、战略的调整、环境的改变等带来的"差距"。

学习者分析要素

　　"以学员为中心"的课程理念的核心要求你充分了解课程的学习对象。以下这些要了解和分析的要素，往往与上面调研动作一起进行，在题目设计或问话设计中加入这些要素。

- 基本属性：人数 / 层级 / 性别 / 学历等；
- 本课题领域的知识与经验；
- 对培训内容、组织形式及组织者的态度；
- 学习的动机；
- 一般性的学习风格偏好；
- 群体特征，整体印象。

　　有一种方法可以让开发人员随时关注自己的产品使用对象——**用户画像**。这是互联网公司在开发产品时经常使用的技术。我们在教学上借鉴使用时也可以叫**学员画像**。把相关特征生成一幅画像，给虚拟人物起一个名字，并配上一幅肖像，打印出来，贴到开发工作区域。所有人都能看得到，提醒开发人员做任何决策时都要考虑使用者的感受，比如问自己："如果我们把 A 案例换成 B 案例，小金（某金融公司内训师给一个金融类课程的学员画像起的名字）会喜欢吗？还有，他对这种配色风格会怎么想？"关于用户画像技术，网上有大量成熟的介绍与样例图片，大家百度一下"用户画像"即可找到。

资源条件分析要素

课程允许的开发周期。如果从拿到任务到交出成果有一个月时间，可以把时间等分成三段：前段用于澄清开发意图及收集各类相关素材；中段集中开发，其实如果能脱产集体开发，一般3~4天即可产出80%的成品；后段用于丰富、评估、修正、优化。精力与资源投入如图3-2所示。

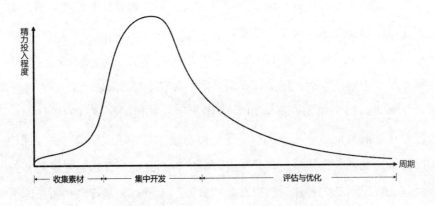

图3-2 课程开发精力与资源投入图

课程允许的实施时间。课程时间大大制约着内容的规划和讲授的精细度。敏课一般为三小时左右（有时一些课程可以到一天），所以不像耗时几天的传统课程，也不像十分钟左右的微课。

课程内容的稳定程度。快速变化的时代，我们不得不考虑所开发内容的老化速度。有些课程去年刚刚开发出来，今年环境变化了，大部分内容已经不再适用了。

学员领导及培训组织者的支持度。管理者的重视会让开发过程减少阻碍，遇到困难能及时得到帮助，大大有利于课程成果的产出。这也是一个组织学习氛围的体现。

学员应用所学的环境与工具条件。学员学完课程后回到岗位，他们所学到的技能有应用的土壤吗？是他一个人在使用还是大家都在使用？在新技能的应用过程中会得到鼓励还是嘲讽？给学员们提供相应的工具资源了吗？等等。

培训场所条件。你开发的课程会在哪里实施？哪个城市？哪个教室？桌子可以移动吗？相关教学设备满足课程要求吗？周边的环境如何？如果旁边是办公室，学员会离开去办公吗？如果是软件技能课，需要学员带电脑和插线板吗？等等。

课程传输形式选择。是在线课程（直播或录播），还是面对面课程？是集中整段培训，还是切成小单元多次安排？等等。

学习材料风格的选择。虽然讲课课件及其他配套资料的美化与完善是在最后一层——表现层里呈现，但在最初的情境层能确定讲师课件的模板、配色、排版规定等是大有好处的，而且这个工作越早进行，好处越大。之后的内容建设直接在此"底版"上进行，这符合"所见即所得"的开发理念，也是敏课开发"叠加思考"原则的体现。这里需要了解公司企业形象识别系统（VI）关于课件方面的模板或规定，如果没有，则要自己生成一个初步的模板。

比如写书，作者并非在完全默认的 Word 里进行创作，把所有文字写好交给出版社处理后序事宜，而是可以先设想成书的风格、尺寸、页边距、厚度、色彩、纸张、字体、大小、间距等（身边很容易找到这样的参考样例），在输入第一个文字前就已经在 Word 的设置里进行了约束，比如不是新建文件时的 A4 尺寸，而是自定义为成书尺寸，这样每写一段文字、每加入一个元素都能实时了解目前的页数和字数，所见即所得，心中有数不乱方寸。这就是叠加思考原则——在一个工序里，任何一个步骤的动作都要考虑对过去与未来步骤的影响。

本任务的结尾，我们提供一种生成课件模板中最核心也最难理解的功能——母版。

延伸：讲师课件母版设计

对于敏课，最核心、最实用的成果是讲师课件，所以在情境层里设计好一个讲师课件的 PPT 模板是明智的，这项工作越早进行越好。在内容建设之前生成统一规定，让设计所见即所得，减少中间很多设计环节与沟通成本。一般来说，企业会有专人设计 PPT 模板并发放给所有开发人员使用，让大家的成品风格统一。而若在没有统一设计或想灵活调整的情况下，就需要我们理解其中的技术。网上随手可以找到很多漂亮但不实用的 PPT 模板，它们的设计师极少充分使用"母版"功能（有时是设计师担心使用者不会用，选择不使用母版功能设计）。而对于培训师来说，我们认为母版这个功能的实用性是非常高的，页面越多，越会显示出这个功能的高效。这是高效培训师进阶之路必学的一个功能。

作为培训机构的行政主管兼助教，Tina 经常要根据公司的规范及客户的要求调整老师的学员版 PPT（用于打印成讲义），这个工作经常让她加班加点，因为她需要一页一页地进行对象选择、位置移动、调整字体与字号、增加间距、修改颜色等这样烦琐的动作。有时候两三页的 PPT，她需要加班到凌晨两三点钟。

这种低水平的重复性劳动让她花费了大量的时间，对绩效的贡献却不高。这种没有成就感的工作，让她常常在心里埋怨老师："为什么不用母版进行设计？"她能非常熟练地使用 PPT 的母版功能，遗憾的是，做这个 PPT 的老师并没有使用此功能。若老师在设计课件时就用母版功能，后面如果有要统一调整风格或版式的地方，就算两百页 PPT 顶多半个小时就能搞定。

下面，我以与顺丰速运合作时为其"顺丰好讲师"全国比赛项目而设计的讲师 PPT 模板为例，简要说明如何自定义使用母版功能为课件设计服务。

从视图菜单里选择幻灯片母版，就进入了一个桃源世界，最初的世界里，左边有一页大的幻灯片，紧接着下面有多页较小的幻灯片，我们给这两类尺寸不一的幻灯片命名：大的叫"外婆"，只有一页；小的叫"姨妈"，有很多页，长相不同，从上往下可以分别叫大姨妈、二姨妈、三姨妈……有姨妈就有"孩子"，孩子是外面世界里一页一页普通的幻灯片。一个外婆生了很多个姨妈，姨妈们又生了很多孩子，但有些姨妈生得多（普通幻灯片基于该版本的数量），有些生得少，有些没有孩子。外婆、姨妈、孩子三者间有直接的血缘关系，其中一个规则是，如果祖上有什么变化，就一定会遗传给下一代，即便是已出生了的。比如需要所有普通幻灯片（孩子）都有统一的字体、间距、logo 位置、底部形状及配色，只需从外婆那里改变即可。外婆一变，她生的所有姨妈都会跟着变，所有姨妈生的孩子也自动跟着变。如图3-3所示。

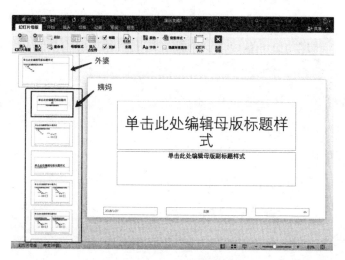

图3-3　幻灯片母版视图

图3-3是空白PPT里的母版样子，我们要变成图3-4这张的样子。

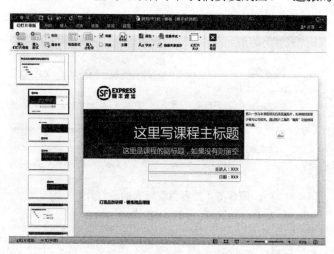

图3-4　幻灯片依母版的变化而发生的变化

我们会发现，后面几页幻灯片中，外婆的底部有装饰色块，除大姨妈外（为什么大姨妈不受控制，我们下面会讲到），所有姨妈的底部都加上了同样的装饰色块。这个控制规则就是上一代基因会遗传给下一代。

大姨妈不一样，增加了不少"占位符"，有文字占位符及图像占位符，文件占位符还有不同字号与对齐方式。这是通过幻灯片母版菜单里"插入占位符"命令实现的。

通过"插入版式"的方式在大姨妈后面增加了一个姨妈，用于充当目录版式，并设计了相关的文字、logo 位置、色块、文字占位符。如图 3-5 所示。

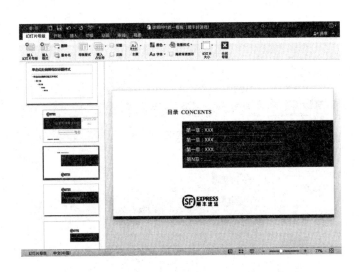

图 3-5　充当目录版式的幻灯片

再往下，设计了一个姨妈作为一级过渡页，另外一个姨妈作为二级过渡页，她们的风格非常接近，只是色块大小不同。正文页也有两个姨妈负责，一个有标题和内容，一个只有标题没有内容。如图 3-6 所示。

图3-6　母版中的过渡页及正文页

之后还有几页姨妈，她们是"案例页""教学活动页""空白页"，她们都没有外婆带来的底部有装饰色块的属性，原因在于她们将"隐藏背景图形"打钩了，这样可以在当页临时屏蔽祖上的控制，姨妈和孩子都允许这样做。（你现在理解为什么大姨妈不受外婆控制了吧？它的"隐藏背景图形"是打钩的。）如图3-7所示。

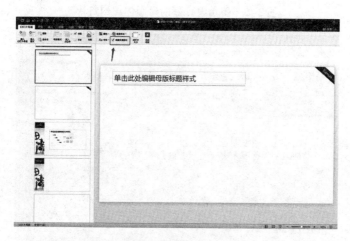

图3-7　临时屏蔽祖上控制的幻灯片

这些页面在母版里设计好后，在哪里可以选择使用呢？关闭幻灯片母版回到外面普通的世界，开始菜单下"新建幻灯片"按钮本身的右侧点击小三角弹出可选择的版本，刚刚设计好的姨妈们都在里面了。如图3-8及图3-9所示。

图3-8　使用设计好的母版创建幻灯片

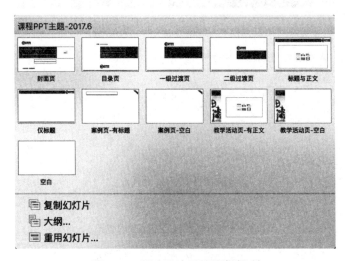

图3-9　经过设计后的母版版式

每次我们要新建幻灯片（孩子）时，可以直接从里面选择需要的版式（此孩子的生母），而当需要有统一性改动的时候，可以找祖上改动，随之由祖上控制的下一代也就都跟着改变了。

用母版还有个好处：当孩子们个性化发展较多时，可能让版式很不统一，这时候孩子的妈妈可以行使她的大权——让某个孩子回到刚出生时候的状态，点击开始菜单下的"重置"按钮（"版式"按钮正方）即可实现。

到此，我们总结 PPT 母版的几个重要特性有：

- 血脉相连（祖上的基因一定会同步给下一代）；
- 自由飞翔（下一代可以暂时屏蔽祖上的控制）；
- 不忘初心（通过重置可让孩子回到最初状态）；
- 无限可能（灵活应用占位符，自定义祖上形态）。

母版这四个特性的灵活搭配使用，会为课件的"自动化"带来诸多便利。母版和其他配色方案、字体方案、形状效果等一起构成了课件的模板（风格）。模板设计这项工作越早进行对课程产出效率越有利，它可以大大减少在 PPT 制作技术上的时间耗费，让培训师将更多精力投入更重要的教学内容与教学方法上。

描述教学目标

需求分析往往解决的是学习者"为什么要学"及"要学什么"的问题，教学目标则解决学习者"要学到什么程度"的问题，与之对应的评价环节解决的是学习者"学得怎么样"的问题。评价是对目标的呼应，是以目标作为参考标准的检测。如果没有目标或目标模糊，就会导致评价的无依据或检测的难度大。可见目标设定和准确描述的作用。

我曾与北汽福田合作课程开发项目。其中有一个子项目，是客户希望把企业文化这门课程的讲师课件交由我做最后的完善优化，但估计客户内部意见并不太统一，没能清楚地描述想要的效果与要求，也没有可参考的作品，再经过对接人的转达，到我这个环节，课程所要的要求和效果就越发模糊了。

考虑某些商务等因素，我也没有再刨根问底（这是严重的错误），具体设计时，仅凭自己对内容的理解，再结合客户形象识别系统中框架性规定就开始进行设计。

这种不明确的任务导致进度缓慢，后来经过三个版本的调整，客户还是觉得"这不是我们想要的效果"，但问及想要什么效果时，客户的描述又很模糊，甚至摇摆不定。最终导致这个项目"难产"。

这样的结果就是源于目标的界定与描述不清，并且事前双方没能就一些关键性问题进行共识性的协商。

教学目标描述常见的问题

在课程设计与开发中，通常会发现一些关于教学目标描述的问题，这些问题不仅存在于初学课程开发的内训师中，还普遍存在于自由职业培训师中。常见的问题有：

- 目标大而空，难达到；
- 目标不具体，难衡量；
- 目标太死板，忽略了学习的过程性与创造性；
- 目标成了手段，甚至摆设；
- 为目标而目标，忘了学员。

> 课程设计者在开发任何教学或学习经验之前必须回答的问题是，"经过教学之后学习者将能做哪些他们以前不会做的事"或"教学之后学习者将会有何变化"。（加涅《教学设计原理》）

概括性教学目标与表现性教学目标

培训目的与教学目标的区别

我们先来辨别两个很相近的词语——目的与目标。对于教学设计来说，目的是比目标更宽泛、更前序的概念，目的是解决某个问题的出发点，以培训进行的往往只是其中的手段之一，还需要其他方法与策略。当选择培训作为问题解决的策略后，首先要考虑的就是培训要达到的目标。通常情况下，我们在目的前面加上"培训"二字，而在目标前面加上"教学"二字，以便更好地区分它们。培训项目是个大范围，（狭义的）教学设计是为此进行的教和学的安排，偏小。我们用表3-2来对比两者的区别。

表3-2　培训目的和教学目标的区别

	培训目的	教学目标
出发点	为什么要有此培训	培训后学员能做什么，培训到何种程度
提出角度	从企业的或发起人的角度	从学员的角度
应用场景	学完后在工作场景中的应用	学完后当堂的提升表现
常用描述句式举例	为了做好／贯彻／提升…… 根据……的要求，为了…… 旨在提高…… 按照惯例……	能区分出……与……的区别 理解并掌握……的使用方法 正确演示……的操作步骤 生成……的可行性方案……

我曾与某市联通公司进行培训项目上的合作，收到培训管理者对外发放的通知。这份通知的内容中包含不少培训目的与目标，下面简单分析（笔者已经对原始通知做了部分修改）。

关于开展 ××联通2016届校招员工"年度365关爱培训"的
通知

各分公司、市公司各部门（中心）：

新员工是公司的生力军、新鲜血液，是公司未来之栋梁。为了做好对校园招聘的新员工的培养、指导，让其学习、发展，适合岗位要求，创造更多价值，公司为新员工打造了"365"的培训体系。本次针对2016届校招入职员工的年度关爱培训，希望在他们入职一年左右的时间点上，对职业心态、心智模式，以及职场生涯分享进行交流和学习，鼓励大家激发志气志向，传递正能量，提升职业技能，在公司进行混改之际为公司发展提出更好的想法，做出更大的贡献。现将有关事宜通知如下：

1. 培训对象：（略）

2. 培训主题与时间：（略）

3. 培训地点：（略）

4. 培训目标：

（1）理解职场环境，能更快速地适应新职场的角色要求；

（2）培养员工专业化价值观、提升员工的职业表现力；

（3）培养"在联通，爱联通"的思维与意识；

（4）提升学员的工作能力与职业化水平；

（5）能从职业规划与发展的角度提升其对组织价值观与愿景使命的认同；

（6）提高员工队伍稳定性，降低离职率。

5. 培训成果要求：

本次培训，旨在为新员工提供建立交流学习成长的平台。各位参训学员，需要总结入职一年的工作经历和感想，并且结合培训、学习的内容，提出公司在混改的新时期，有哪些切实可行的改善措施，并畅谈自己未来对公司的贡献方向。

6. 后勤安排：（略）

7. 纪律要求：（略）

8. 联系人及联系方式：（略）

我把相关的动词用咖色标出，其中有关于培训目的的，也有关于教学目标的，细分下来，我们可以发现，第4点的"培训目标"里的内容是关于教学目标的，除此之外都是关于培训目的的内容。同时我们注意到，这份通知里的第4点里的第6条——"提高员工队伍稳定性，降低离职率"，这是从企业的角度、发起人的角度出发的，不是从学员的角度出发的，所以这条内容实际上是有关"培训目的"的。

我们再仔细观察，发现这里的"培训目标"下的描述都较含糊，不够具体。对于一个培训项目来说，这样的表达问题不大（且对于培训项目来说，往往包含从企业出发的"培训目的"与从学员出发的"教学目标"），但如果涉及具体课程的教学目标描述，就需要结合更具体的表现性目标进行描述。

概括性教学目标与表现性教学目标的区别

培训管理者告诉课程开发人员这门课程的出发点与归宿点后，开发人员就需要用共识性的格式及术语描述本次课程能让学员学完后达到怎样的水平。教学目标的描述根据细致程度，可以分成概括性教学目标与表现性教学目标。我们也通过表格的方式来加以区分，如表3-3所示。

表3-3　概括性教学目标和表现性教学目标的区别

	概括性教学目标	表现性教学目标
可测量度	可观察与测量的难度大	多数时候可观察与测量
所属层面	认识层面	行为层面
维度倾向	偏上层的、抽象的、总体的	偏下层的、具体的、单元的
常用动词	了解、理解、掌握、提升、转变、增强、强化	区分、识别、分类、演示、生成、采用、陈述、执行、选择
举例说明	认识高效组织架构的重要性；明确自身目前所处的阶段，掌握匹配目前阶段的最优架构；提升管理团队的运营效率；提升业务思考的高度及广度	在老师的引导下，发现自身工作存在的不足； 在老师的辅导下，优化与重构自己的内容，生成可直接用于交付的成果； 在给定的三种优化招聘方法中，结合自身情况选择一种运用，达到20%优化的结果； 在给出投影仪的零件及其名称但没有说明书的情况下，10分钟内将投影仪装配完毕

切记：概括性与表现性是相对性的词语，正如宏观与微观一样，换个参照，原来概括性的内容很有可能变成相对不那么概括了。比如某个教学项目中的各教学目标层级：多课程的集合目标—单个课程的目标—单元/模块目标—课时目标，这些目标中，越上层级的在描述上越概括，越下层级的就可以描述得具体一些。

对于课程开发人士要进行的教学目标描述来说，描述概括性目标往往较容易，因为比较抽象、模糊，也较不负责任（"达不达得到我就不管了，反正也难测量，而该讲的都讲了"），虽然表现性目标描述起来考量更细，难度更大，也显得烦琐，但我们建议，除非各方都知晓并要求不高的情况外，都尽量用更具体、可观测的方式描述教学目标。

敏课开发的实际情况是，往往一个课程的教学目标描述里，既有概括性的，也有表现性的。

行为动词：让教学目标描述更具体

要准确描述一个表现性教学目标，通常需要包含 BCD 三个要素：学员学完后能做的具体事情或行为（behavior），学员完成这项任务或行为所需要的条件（conditions），用于评价学员完成任务表现出来的程度（degree）。

用一句话描述表现性目标是，（经过培训后，学员可以）在什么条件下，做什么事情，达到什么程度。

本句式前面括号里的内容在描述时一般会被省略掉，条件和程度在显而易见的情况下也会被省略掉。这三要素中，最核心的是学员能做什么事情，即行为。行为描述对应的是行为动词，以下清单从布鲁姆的教学目标分类学出发，列举了可参考的行为动词，如表3-4所示。

表3-4　行为描述对应的行为动词

目标类别	层次	常用行为动词
认知技能	记忆	再认、识别、回忆、提取
	理解	解释、澄清、释义、描述、转换、举例、例示、具体化、分类、类目化、归属、概要、抽象、概括、推论、结论、外推、内推、预测、比较、对照、匹配、映射、说明
	运用	执行、贯彻、实施、使用
	分析	区分、辨别、区别、集中、选择、组织、发现、整合、列提纲、结构化、归属、解构
	评价	核查、协调、探测、监测、检测、评判、判断
	创造	生成、假设、计划、设计、产生、建构

（续表）

目标类别	层次	常用行为动词
动作技能	模仿	模拟、重复、再现、例证、临摹、扩展
	操作	完成、表现、制定、解决、拟定、尝试、实验、安装
	创作	练习、转换、运用、改进

以下教学目标描述的实例中，咖色的词语为行为动词：

- 车间机器操作员会展示组装生产线的案例设施的使用方法；

- 学员能建构出一个包括所有章节关键内容的概念图；

- 学员能列出处理烧伤的六个步骤；

- 酒店预订员工会详细讲述在接到酒店预订电话时应遵循的七个步骤；

- 客服部门员工会列举三种策略，帮助他们处理难缠的客户；

- 参加工作坊的内训师能演示双屏演示的功能；

- 经理人能区分不同的下属类型，并以不同方式进行管理。

教学目标描述得越具体且可被观测，越有利于目标的达成与评估，因此，能用表现性描述教学目标的，就不以概括性描述。

延伸：课程开发说明书

为更有结构性也更简单地完成情境层的两个任务，我们提供一个表格——课程开发说明书，如表3-5所示。它可以促进培训需求发起人及课程开发人员的结构化沟通，这里的项目填写过程需要在多方沟通协调下进行，需求把握越准确，目标描述越清晰，对我们接下来的其他任务越有指导性。

表3-5　课程开发说明书

项目	说明	填写内容
课题	拟开发课程的方向或名称	
需求背景	为什么要开发这个课题； 希望解决什么样的问题； 与企业战略、业务发展、员工能力提升有何关联	
学员对象	这个课题开发出来讲给什么人听； 他们的层级、水平、原有知识和技能如何	
授课时长	一天、半天，还是一小时	
课程目标	学了这门课程，学员有什么样的收获，能做什么，越具体、越可被观察越好； 相关动词如了解、理解、掌握、区分、展示、演示、划分、匹配、生成等	
预设内容	课程大致模块及可能包含的关键知识点，如原理、原则、方法、流程、步骤、工具、案例等	

　　大家注意到了，表3-5里包含了一些预设内容，这也是敏课开发"叠加思考"原则的体现。往往在对情境层进行分析后，我们心中对内容已经有了大致的想法，只是还不够清晰明朗，这时候我们就要转到接下来的层级——结构层，使课程内容的思考与信息的编排更结构化。

第四章

结 构 层

情境层
Situation

结构层
Structure

脚本层
Script

策略层
Strategy

表现层
Surface

● 关键任务 ●

规划主体框架
设计首尾流程

规划主体框架

课程结构不佳的情况

2009 年，在接触不少课程后，我根据自己的专长也开发了一门 PPT 技能课程"演示管理与视觉化沟通"，课程分理念篇、常用技巧篇、图表动画篇、排版设计篇、工具资源篇，加上课堂练习，预设两天时间。

有一次，我给重庆登康（生产冷酸灵的企业）实施了这门课程，时间为一天。我根据客户的需求进行了不少定制化改动，其中涉及大量的模块变动，最后成了拼盘式课程。课程结束后一起用餐，客户问了一句："罗老师，我今天听了课程，您的逻辑主线是什么呀？"我遭到当头一棒，这话问到了痛处，让我一时语塞，因为经过深度定制后，我也找不到明显的逻辑结构了。

这尴尬的经历让我吸取了深刻的教训，从那以后无论什么样的定制内容，我都要把握课程的推进主线。后来再设计体验式课程时，我一定要做的是绘制课程的推进路径与关键情节。

后来我仔细观察，发现在课程设计与开发工作中，有很多结构不良的情况。

- 整体看不出结构，大量内容拼盘，令人费解；
- 模块间的逻辑混乱，有多条主线，互不兼容，难以理解；
- 模块内部的推进顺序经常变换，不稳定，难以记忆；
- 忽略学员的起点水平，事实性甚至常识性内容比重过大；
- 内容层级过多，分化过细，增加了认知负荷；
- 对 MECE 原则[①] 的强迫症，过分追求面面俱到。

金字塔原理的特点及对敏课结构化的要求

金字塔原理的四大特点

对于课程结构不佳的情况，遵循金字塔原理的要求，可以让课程更有逻辑性，更具结构化。我们可以通过一个例子来了解金字塔原理的主要特点。

周二上午，总经办的一位主管就开会事宜向他的领导进行口头汇报。他敲开了领导办公室的门，得到许可后，这样说道："总经理您好！罗主任来电话说系统出现突发状况，3 点钟不能参加会议了。小刘说他

---

① MECE，是麦肯锡思维过程的一条基本准则。是 mutually exclusive collectively exhaustive 缩写，中文意思是"相互独立，完全穷尽"。"相互独立"意味着问题的细分在同一维度上并有明确区分，不可重叠，"完全穷尽"则意味着全面、周密。

不介意晚一点儿开，明天开也可以，但是9点半以前不行，那时他有一个面谈。可是会议室明天已经有人预订了，但是星期四还没有人预订。唐副总的秘书说，唐副总还在外地参加行业的联谊交流，明天很晚才能回来。我建议把会议的时间改在星期四上午10点，您看合适吗？"

这样的汇报在我们日常的工作与管理中很常见，无论是口头汇报还是书面汇报，是非正式汇报还是正式汇报，汇报人的汇报逻辑让人摸不着头脑。这是让管理者很头疼的事情。针对这个案例中的内容，在汇报前，汇报人要思考这些问题：先说结论还是先说理由？这些理由能否被分类，能否被概括总结？同一类别或层级里的表达有没有先后？

这几个问题涉及的是金字塔原理的四大特点：结论先行，以上统下，归类分组，逻辑递进。如图4-1所示。

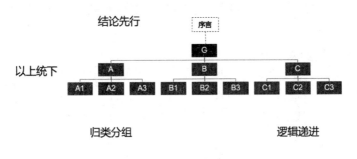

图4-1 金字塔原理的四大特点

经过思考，我们可以用金字塔的图形画出汇报内容，如图4-2所示。

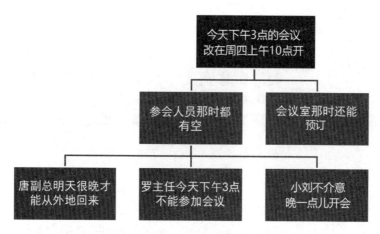

图4-2　经过金字塔式逻辑思考后的汇报关系图

用金字塔式逻辑思考并画出其关系图后，这位主管可以很自信地这么汇报：

领导，我们能将今天下午3点的会议改在周四上午10点开吗？那时参会人员都可以参加，会议室也还可以预订。

如果领导有疑惑，再针对性地解释。这样的汇报简洁、清晰、高效，课程设计也当如此。

金字塔原理对敏课结构化的要求

根据金字塔原理的四大特点及金字塔形状图，再结合敏课的特点，我们推导出敏课逻辑结构的四大要求，如图4-3所示。

要求一：课程标题暗含任务；

要求二：整体"总—分—总"的三段式结构；

要求三：大模块扁平独立；

要求四：小模块逻辑递进。

图4-3 敏课逻辑结构的四大要求

整体"总—分—总"的结构对应的课程是"开头—主体—结尾"，课程结构化中最难的也是主体的部分。我们会在下一任务里专门介绍开头与结尾。

用矩阵图构建敏课框架的理由

金字塔形状结构图让思维的层级与归类变得非常直观，但大家不必对金字塔形状结构图过于迷恋，当某些结构固定时，金字塔会显得重复啰唆，甚至失去原有的直观性。

我家附近有一家健身中心，其2月某操教室的排课如表4-1所示。

表4-1 某健身中心某操教室排课表

时间	星期一	星期二	星期三	星期四	星期五	星期六	星期日
15：30—16：30	流瑜伽		理疗瑜伽		普拉提		哈他瑜伽
19：00—19：45	有氧战斗	腰腹塑形	美臀踏板	有氧战斗	热舞派对	Zumba	腰腹塑形
20：00—20：45	杠铃塑形	舞林漫步	Zumba	腰腹塑形	杠铃塑形	有氧战斗	肚皮舞

这样简洁的表格，能够很直观地把信息呈现出来。如果我们将其换成金字塔结构图（见图4-4），就会发现它并不能直观地呈现信息。

图4-4 某健身中心某操教室排课金字塔结构图

大家可以自行对比两种表达方式在信息传达上的感觉，也可以自行脑补如果改用思维导图的方式来表达上述信息，将会是怎样的结果。

虽然金字塔形状的图形非常清晰直观，但敏课的结构，尤其是主体部分的结构设计，某些流程是可以固定的，我们推荐用经典的二维矩阵表（图），如表4-2所示。它的横坐标分布着课程的大模块，纵坐标分布着大模块内部的教学步骤（我们称为纵向小模块），横纵两者延伸线交叉，形成的带有多个格子的直观的"田"字网状图。（这在后面的脚本层中将大有好处。）

表4-2 经典二维矩阵表

大模块 小模块	横向大模块 一	横向大模块 二	横向大模块 三	横向大模块 四	横向大模块 五
教学步骤1					
教学步骤2					
教学步骤3					
教学步骤4					

如此一来，所有的大模块都有共享一致的教学步骤，简单又严谨，

便于记忆，利于操作。由横向与纵向交叉而成的"格子"用于填写特定大模块在特定教学步骤的具体内容——这也是脚本层的主要工作。

直观的金字塔图被广泛用于各个场合，其优点无须再述，但针对敏课的结构设计，它还是有不少麻烦，尤其对绘图技术不好的开发人员来说，增加了不少难度。接下来我们通过表格对比，说明在敏课开发的结构设计中，优先使用经典的二维矩阵表（图）的原因，如表4-3所示。

表4-3　经典二维矩阵表（图）的优缺点

金字塔形状图可能的缺点	二维矩阵表（图）可能的优点
一不小心会让层级变多，复杂臃肿	强迫式的扁平化，让总结构更简单
教学流程不稳定，不利于学员的期待	每个模块教学流程基本固定，好记
每个节点都重新发散，容易出现遗漏	获得填空式的辅助框架，思考更全面
除非心中的框架很稳定，否则易错漏	方便自我检查
内容多会很容易让版式难看、看不清	始终保持严谨稳定、优雅从容
手绘时，共创过程很不好改动模块	手绘时，用便利贴辅助，方便随时增删
绘制 PPT 时，单元间的连接线很难画	绘制 Excel 时，自带网格，如鱼得水
浪费大量绘制时间，且不便于扩展	避免绘制时间浪费，还能灵活扩展

选择二维矩阵表（图）制作课程结构图，在这自带网格的表中，难点就聚焦到了两个方面：一是扁平化大模块的数量、内容、顺序，二是有逻辑递进的纵向教学步骤的选择。

这两者的选择过程要考虑所有交叉点的合理性、方便性、可驾驭度。这些涉及工作任务的分析，也考验着我们在所开发课题领域是否足够专业，是否胜任内容专家的称号。

我们可以看到，现在很多电视节目的流程都是固定的。这对我们的教学流程有很强的启发性。

江苏卫视的相亲类节目《非诚勿扰》，节目中有24位单身女生以亮灭灯方式来决定上场男嘉宾的去留。自2010年年初首播以来，不论上来的是哪一位男嘉宾，也不管24位女嘉宾是否已经更换，男女嘉宾的速配成功都要经过固定不变的四步流程——"爱之初体验""爱之再判断""爱之终决选""男生权利"。包括外来务工专场、教师节专场、返场男嘉宾专场或海归专场，这四步流程始终不变。

这些经典电视节目给我们教学设计的启发是，具体内容与由内容组织起来的模块要根据情况变动，但教学逻辑可以是稳定的。

接下来我们重点介绍标题的写法、大模块的来源和小模块的逻辑。

课程标题任务化

课程的名称是与课程结构相关的，在实际开发时，这两者是重叠思考的。

金字塔原理四个特点中的第一个是"结论先行"，要求我们先给课程结构起个名字——情境层所确定的是课程的开发方向，那里的名字是官方起的，可叫"学名"，缺点是常常不够具体或不利于传播；此处与结构设计同时进行的是"艺名"，是自己起的，用来映射模块的内容。一般来说，敏课常用任务化的方式进行快速起名。

所谓的任务，包含这样几个要素：什么人、做什么事、怎么做。怎么做可包含做事情的流程、相关成功要素、要特别注意的事项。有时候任务化的标题中还暗含着按任务行事后会带来的收益。

　　用这几个要素设计标题，能让人们还没参加此课程便可通过标题见微知著，大致了解本课程对象、内容、收益。任务可以是"明示"的，比如"四招教你玩转大数据产品项目""让天下没有难谈的生意——谈判七步法搞定客户""孤山寻宝——管理者的团队融合之旅"等；也可以是"暗示"的，如"高效能人士的七个习惯"，暗示的任务是"成为高效能人士"，也暗示了方法，要通过作者提炼的七个习惯来达到。

　　我们可以从流行电影名中找到大量"任务化"的影子。比如：

　　《火星援救》《拯救大兵瑞恩》《勇闯夺命岛》《星际穿越》《越狱》《飞越疯人院》《回到未来》《杀死比尔》《海底总动员》《异形大战铁血战士》《银河系漫游指南》《三傻大闹宝莱坞》《少年派的奇幻漂流》《釜山行》《湄公河行动》《飞屋环游记》《风雨哈佛路》《大闹天竺》《寻秦记》《建国大业》《红海行动》等。

　　市面上的很多畅销书，其名字也"任务化"了。比如：

　　《通往权力之路》《找寻遗失在西方的中国史》《说服力：如何讲好一个故事》《刻意练习：如何从新手到大师》《一本书读懂销售心理学》《激活组织：从个体价值到集合智慧》《从零开始学开公司》《从0到估值1000万：创业者的5项修炼》《从0到1：开启商业与未来的秘密》《培训师的21项技能修炼》等。

　　我曾设计或改编过一些体验式课程/活动，大多数命名方式也很"任务化"。比如：

"把信送给加西亚""孤山寻宝""不到长城非好汉""沙漠求生""捕鱼总动员""蘑菇总动员""翻越心中的那座山""最佳配图""数据连连看"等。

以下标题范例大多从我辅导的学员中获得,可以看出,它们都是已经任务化了的标题,读者可借鉴性地使用到自己的课程标题中。比如:

"四大神器搞定绩效管理难题""卓有成效管理者的五个习惯""蘑菇总动员——价值型员工进化论""做好公司内社群运营的'三驾马车'""新经理成长过九关""从市场需求到产品规划六步走""转危为安的客户投诉处理技巧""新晋主管的八项基本管理技能修炼""个渠精英轻松展业五项基本功""解决助教工作中常见的五大困惑""职场情商修炼的四把金钥匙""新员工公众表达七步成才"等。

企业内部的敏课开发,目标越明确,内容越清晰,操作越具体,在标题的设计上就越可以做到任务化。此步骤与课程大模块的设计是叠加思考与同步变化的。

横向大模块扁平化:三种常见方法

课程标题与横向大模块是叠加思考的,且往往是先思考组成课程的主要内容与模块,再以此推导出课程标题。

敏课模块内容的思考常常从教学目标出发:为了实现这样的教学目

标，学员需要学习什么内容与模块。这其实涉及了具体的工作分析，对于非内容专家的课程开发人员，这是个很复杂的工作，需要大量的调研与分析（一般在需求调研时一并进行）。当课程开发人员本身是课题领域的专家时，多年的工作打拼使他们积累了大量的知识与经验，这些知识与经验足够让其知道新手大体的学习路径，尤其是有过老带新经历的"老司机"。

敏课宣言中有一条是"内容领域专家胜过教学设计专家"，在关键任务中尤其体现得淋漓尽致。对内容领域专家，我们可以提供三种非常常见的方法来组织你的内容，让它们模块化、扁平化。这三种方法是流程步骤法、成功要素法和典型问题法，它们之间相互独立，又有一定的交叉重叠，都是为了更好地解决问题。如图4-5所示。

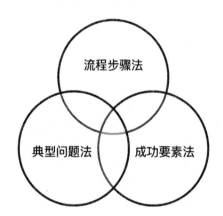

图4-5　横向大模块扁平化的三种常见方法

流程步骤法

生活中到处都能看到各种产品使用的引导，比如消火栓的使用说明，一定会有明确的流程步骤，并以图说明（见图4-6）。即使我们没经过专门的消防训练，当遇到险情时，只要冷静地按图索骥，就能正确使用。

图4-6　消火栓使用说明

流程步骤是最常见的方法。解决任何问题都需要经过一定的路径，这些路径就是相关的流程步骤的集合，有执行的时间先后顺序。敏课开发要以学员为中心，以解决学员问题为导向，为完成任务，解决问题，达到目标，学员须执行某些必要的动作，然后把这些动作汇总起来，组成"任务流"，它就形成了课程的主要模块。

流程步骤法的本质是对任务的分解与再分解，有些步骤过于概括，难以操作，我们需要进一步分解。在总体和细节中找到利于学员吸收理解的平衡点，也称为课程模块的"颗粒度"，我们要让颗粒大小基本均匀。

把大象装进冰箱需要几步？2000年，著名笑星赵本山先生在小品《钟点工》中以脑筋急转弯的方式做了回答：第一步，把冰箱门打开；第二步，把大象装进去；第三步，把冰箱门关上。对于这个流程，一般人是能直观理解的，在操作层面上，第一步与第三步都不算难，而第二步把大象装进去这个任务可操作性不强，具体怎么装进去没交代清楚，所以要再继续细分。比如可能再分成：一、把冰箱的格子清空，打通成一个格子；二、在冰箱里放上大象爱吃的食物，引诱大象贴近冰箱；三、趁着大象把头伸进去吃东西时，在大象屁股后面用力把大象推进冰箱；四、调整大象的姿势，让其所有部分都不露于冰箱外。这样分解之后，加上前后关于开门关门的步骤，"把大象装进冰箱"就成了六个步骤，它是好理解并可执行的。

如果分解之后某些步骤是较抽象的，建议再进行分解。有些时候，每个大的阶段下都包含多个步骤。比如，下面第一次分解后的每个步骤如果还是一个大的阶段，就需要根据实际再分解。

运用流程步骤法，首先要找到起关键作用的步骤。

比如，"手把手教你写一篇10W+的文章"这门课程，它的步骤不应该是这样的：

打开电脑→打开 Word 文档→写提纲→填充内容→排版美化→找平台发布。

虽然这六步确实符合动作发生的时间顺序，但这些动作执行后并不能达成目标，即使写出文章并且发布了，也没法保障文章的质量，能否传播到10W+更没谱。

于是，我们把课程模块调整成这样的：

选题紧跟热点→标题引人注意→封面图片高清→内容视角独特→文风活泼自然→排版简约大方→发布时机与平台选择。

这么调整后，对于标题所提出的任务而言，它比之前的步骤更细化了，更有利于解决问题。

同时，我们发现，调整之后模块间的流程性变弱了，时间关系上也不那么严格了，这有点接近于我们接下来要提到的成功要素法。

成功要素法

诚然，在实际操作层面，解决问题都必须经过一定的流程步骤，但有时候学员已经知道做某事的基本逻辑了，因此就不那么关心基本步骤的流程了，而更加关心每个步骤下的核心要点或某些关键步骤下的各类方法、关键组成要素，只要掌握了这些要点，我们就能大大提升解决问题的能力。因此，我们开发课程模块时就要分析完成任务的关键成功因素，同时要考虑学员关心的要素。

对于把大象装进冰箱的问题，学员已经不再关心基本的三步流程，更关心的是做好哪些关键事项就可以最有效地解决问题。

第一种情况是，我们可以先考虑影响任务完成的多个变量，找到某个关键变量后，再把其包含的几类典型类别作为不同对象逐个攻克。

把大象装进冰箱的问题中，假设冰箱大小固定，对于大象本身，可能的变量有体积、年龄、性别、力度、温驯度、在象群里的威望等。如果以大象的体积与年龄作为关键变量，则可以分成新生大象、幼小大象、成年大象、巨型大象、老年痴呆大象。每个元素对应不同的装箱方案，就会形成不同的课程模块。

第二种情况是，不必穷举某个变量下的不同情形，而在完成任务的多个变量中找到某些关键的变量，提取后作为关键要素组成各个模块。

为了完成把大象装进冰箱的任务，有很多因素都可能影响任务的完成，我们要找出成功完成此任务的最关键因素，比如，冰箱要足够大、大象已被驯化、执行人与大象的关系好、冰箱门要牢靠、冰箱不能通电等。找出这些成功完成任务的关键要素后，可以将其各自单独组成一个模块。

第三种情况是，将在某具体情况下的操作封装成一种（类）方法，做某事会有多种（类）参考方法，找到最有效的、最值得推荐的方法进行列举，每种（类）方法就是一个模块。

"把大象装进冰箱"的可能方法有美食引诱法、亲子引诱法、异性引诱法、蛮力抬举法、火烧屁股法、空间放大法和大卸八块法。以上每种方法都可以组成课程的一个模块，实际解决问题时我们只需选择适合自己的一种或多种组合方法即可。

典型问题法

有时，学员已经了解了做某事的基本流程，也知道成功完成它的关键要素，但在实际操作时，可能还会出现各类问题。敏锐的开发人员会预测或捕捉到这些问题，对其进行分析、排序、归类，并提出对应的解决方案，每一类问题及其解决方案就构成了一个课程模块。此方法往往直接针对学员工作中的实际问题，教学成了探索或提供问题解决方案的过程，所以常常受到企业的重视。

对于将大象装进冰箱的问题，很多学员已经知道了可能的操作方法，也了解了成功完成任务的关键要素。但还是有不少学员在操作方法和寻找关键要素过程中出现这样或那样的缺憾，为此，我们就需要考察在此过程中经常会出现哪些问题，然后提炼汇总成问题模块。可能的问题有，如何与大象建立信任，如何让大象听从指引，如何不伤象牙与象鼻，判断关冰箱门的时机，等等。

三种方法的综合

我们首先看一下以上三种方法的区别，如表4-4所示。

表4-4　三种常见方法的区别

	流程步骤法	成功要素法	典型问题法
基本思路	提供常规步骤	发扬成功经验	吸取失败教训
针对情况	不知道怎么做	不知道如何做更好	做时可能出现问题
方法特点	路径清晰，可按部就班操作	角度多样，启发思考的全面性	聚焦问题，容易获得重视

　　三种方法对应的课程标题自然是不一样的，常包含的词语及举例如表4-5所示。

表4-5　三种常见方法的包含词语及举例

类型	词语列举	任务化标题句式举例
流程步骤法	步骤、步走、步法、部曲、流程、连环、阶段、过关、哆来咪等	把大象装进冰箱三部曲 大象装箱哆来咪 六步让你的大象进冰箱 装象新手成长过六关 政客操盘四连环
成功要素法	要点、方法、策略、锦囊、妙计、要素、秘密、修炼、基本功、秘籍、习惯、技巧、招数、马车、钥匙、轮子、板斧、属性、法则	把大象装进冰箱的五个锦囊妙计 把大象装进冰箱的五把金钥匙 四类大象自动进箱的引导法则 装象老司机的十一个最强属性 从装象菜鸟到老手的六个秘籍
典型问题法	瓶颈、困惑、死法、误区、错误、雷区、杀手、注意事项、温馨提示、坑、亏	把大象装进冰箱的五种死法 突破大象装箱的八个瓶颈 解决装象新手的五大困惑 装象新手常掉的坑 那些年装象常吃的亏

　　以上三种安排模块方法有时候会部分重叠使用，相互补充，以哪一种方法为主，由教学目标决定。

- 都是工作分析后的决策，体现了开发人员作为内容专家的功力；
- 都需要找到关键点——关键步骤、关键要素、关键问题；
- 都指向共同的目的——问题解决；
- 有时候它们之间有一定的重叠，不必严格区分。

比如，关于合同管理相关的课程，可以用流程步骤法，将合同管理中合同签订前的准备—合同审批与签订—合同履行—合同保密四个重要的阶段提取出来。但这仅仅达到了让合同管理的门外汉知晓合同管理的基础阶段，还未达到企业想要的效果。因此，需要在每个阶段下找到关键要点，并加上除了此四个阶段外的关于合同管理与承办部门的相关职责，如此便从四大阶段变成五大要领了。对于合同管理这种风险性很大的工作，最需要注意的是风险防范，于是，要再分析找到每个阶段或要素最可能出现的风险点，进行提取、排序、归类，如此可能的逻辑就是合同管理常见的七个风险点与防范措施。

从"合同管理四部曲"到"合同风险管控的五大要领"，再到"合同管理常见的七个风险点及防范策略"，最大的变化是模块逻辑与思考维度，对应的方法分别是流程步骤法、成功要素法、典型问题法。

再如，关于职场心态的课程，比较难开发，更难讲好，但却是新人进入职场的必备课程。某市福利彩票中心的田老师在开发此课程时与我讨论了多次，也推翻、调整、优化了多次。建立良好的职场心态很难区分清晰的步骤，所以一般会用成功要素法。开始想到的是"身在职场江湖要保持的五种心态"，后来调整成"职场心态修炼的八种方法"，然而这两个标题都是对要做什么的正面罗列，过于普通，难以引起注意。后来经过不断引导和启发，田老师以"职场心态五大'杀手'"定稿。这五大"杀手"分别是，付出与回报应该成正比（歪）；无底线，取悦每个人（假）；害怕落后，嫉妒他人（嫉）；停在舒适区，不愿改变（躲）；

一颗玻璃心（碎）。

在讲解这五大模块下的每个模块时，都先放一段视频，引起大家的注意，再分析此心态可能带来的后果，接下来给出对应的修炼技巧，最后是现场演练，促使大家保持正确的职场心态。这就涉及了我们接下来要阐述的模块内的教学逻辑。

纵向小模块统一化：经典教学母流程

至此，我们通过三种常用的方法已经把课程结构中的大模块组织起来了。这些大模块是扁平化的，有时候每个大模块下可能还包含更小的几个子模块，但这些子模块间的逻辑也是统一的。我们要尽量保持它们的扁平化，一个很重要的原因是这些模块的内部教学逻辑是可以固定的。从二维矩阵表（图）上看，课程大模块及其可能的子模块是横向排列的，这些模块间的教学顺序自左向右推进；每个模块内部的教学逻辑我们放在纵向，自上而下推进。这里纵向的具体教学步骤会根据教学内容与教学目标来选择，所以大家看到的也是各式各样的。对于敏课开发，我们追求开发过程的快速，如果有一种稳定成型的教学流程，就会大大提升开发效率。

多年来，我就试图寻找这样的流程。结果，真的被我找到了！我们称她为教学母流程。而她的发现与推导过程，与"智慧技能"的概念息息相关。（注意：为了强调此流程的终极包容与母性，我们用"她"而非"它"。）

教学母流程的推导：从智慧技能的四个层次说起

为了更好地理解教学逻辑的经典母流程，我们从最重要的学习结果——"智慧技能"说起。

教育心理学家加涅把学习的结果分成五类，即智慧技能、认知策略、语言信息、态度和动作技能。其中智慧技能是最重要的学习结果，它在企业培训中体现得淋漓尽致。

智慧技能是指运用概念和规则对外办事的能力。"对智慧技能最好的描述是我们利用符号做事"，例如把事物划分成不同的类别、应用规则与原理解决问题。国内有时候把智慧技能称为"程序性知识"，它让学员"知道如何做"，这也是企业内部课程包含最多的内容。相应地，让学员"知道什么"或"知道是什么"这样的内容属于语言信息或陈述性知识，这在企业培训中包含得较少，尤其在一般的员工培训与管理者培训中，企业培训更关心的还是落地操作。

因为智慧技能（或程序性知识）构成了我们开发课程的大量内容，所以我们还要再了解智慧技能的内部分类或层级。

加涅把智慧技能分成了四个大类，并按其复杂程度分到四个层级中，自下而上分别是：辨别、概念、规则与原理、问题解决，如图4-7所示。上一层级的技能的学习要求要先习得下一层的技能。

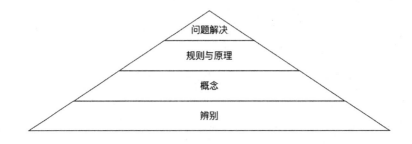

图4-7　加涅智慧技能的四个层级

　　辨别是察觉出不同内容的差异；概念是在不同情境下识别出来的具有共同特征的差异或属性的集合；规则与原理是概念间关系的陈述；问题解决是一种高级规则，是我们把规则与原理运用到不同情境中获得的意义建构，这是教育或培训的主要目的。对于求圆的面积来说，先辨别方与圆、椭圆与正圆、直径与半径、相关字母代表的意思等；再获得等式、相乘、平方等概念；规则与原理是一个公式 $S= \pi r^2$（圆面积为圆周率乘以半径的平方）；问题解决则是运用此公式求得实际某个具体圆的面积，并在此过程中获得了求任一圆的面积的能力。

　　专家之所以是专家，是因为他们能自如地运用规则与原理解决实际工作中不同情境下的问题。我们平时说的经验萃取，就是将专家解决问题的过程显性化、结构化，找到专家运用的规则与原理，以及掌握的概念，也就是从上层往下层的思考。

　　完成把大象装进冰箱的任务会获得解决问题的能力，这是智慧技能的最高层次，人们在此获得了有意义的学习，这是建构性的。假设你选择的方法是把大象捆绑起来并找一根足够长的铁棒及一个支点将大象吊起来放到冰箱里，其实这是对规则与原理的应用，使用了"杠杆原理"（动力 × 动力臂 ＝ 阻力 × 阻力臂）。为了理解这个原理，必须先理解相关概念，知道什么是动力与动力臂、什么是阻力与阻力臂。再往下，我们需要辨别力的大小，甚至还有这根铁棒的硬度、长度，以及大象的大小与重量估计等。

　　通过智慧技能的四个层次，我们得出一个关于学习顺序的结论，即不同情境下的问题解决总是先要掌握相关的规则与原理，而规则与原理的学习需要对相关概念有所理解，概念的理解建立在对事物差异的辨别基础上。于是，我们推导出了基本的教学流程。对于某一模块内部的推进顺序大致为：

- 先让学员辨别本主题内容中什么表现是好的、什么表现是不好的，有基本的知觉印象，并引起注意，强化要学习内容的重要性；

- 再让学员学习相关内容所包含的概念或原理（原理是第三层次的，实际应用常与概念放在一起），为后面内容的理解打下基础；

- 接下来我们向学员提供相关内容的基本规则或操作程序，让他们知道做某事的一般步骤——做好某事就是对这些基本规则的应用；

- 最后把这些规则或程序应用到不同情境中，可能是案例分析，也可能是实践操作，指向的是真实工作情境的问题解决，也是我们通过培训希望学员获得的终极能力。

这个教学基本流程的四个步骤用更通用且具有包含性的单词代表分别是，why（必要性与重要性）、what（概念或原理）、how（流程步骤）、so（实践迁移），即 why—what—how—so 教学母流程。

这个教学流程如此经典与基础，因此被称为"经典教学母流程"或"母流程"。她包含不同的子项，可变化出多种不同的组合。

why—what—how—so 教学母流程

这个流程不仅存在于教学中，我们在思考与表达时，也常常遵循这样的逻辑，所以与其说她是教学流程，不如说她是一种非常好的思考方式。

why：为什么要做这件事情？是什么在驱动自己？遇到什么问题了吗？一定要解决吗？这件事做好了有什么价值？如果做不好会出现什么严重的后果？有什么要求？需要照顾哪些因素？等等。

what：这件事情做好后的结果是什么？为做好它需要知道哪些信

息？有没有可参考的模型或样例？手上有哪些可利用的资源及相关背景知识？等等。

how：做这件事情有什么可选择的路径、策略、方法？需要分几个阶段或步骤进行？每个步骤的关键动作是什么？时间节点如何安排？等等。

so：经过前面三步的思考，接下来就要进行具体行动了。需要先推演或进行试点测试吗？有什么可参考对照的清单或工具？可能会遇到什么问题？有经验的人提出了哪些注意事项？等等。

无论在教学还是教导上，我们都要先让学员 / 员工清楚学习的原因与目标，接着告诉他们相关的基础知识与概念，然后告诉他们操作的原则与步骤，最后再给他们示范并让其进行练习。

比如，商务礼仪课程里有关于乘车座次礼仪的模块，套用母流程后，基本的教学流程是：

why：正确安排乘车座次的意义（错误安排乘车座次会带来哪些尴尬后果或不良影响）；

what：了解不同车辆的座位常识并提供总体座次安排原则；

how：不同情境下安排乘车座次的方法与要点；

so：大家现场练习并总结注意事项。

why—what—how—so 作为基本的教学母流程，为教学提供了一种稳定的思考方向。因为在每个步骤下包含不同的子要素，针对不同的学员，不同的课程内容所需的子要素也是不一样的，具体使用时可以在大步骤下选择具体的子要素作为自己的教学流程。常见（但不限于这些例子）的子要素如表4-6所示。

表4-6　母流程下的子要素

母流程	含义	一般逻辑	可选子要素
why	必要性与重要性	指出哪里不好，引起重视	不良现象 认知误区 原因分析 作用意义
what	概念或原理	呈现基础材料，理论指导	背景知识 概念定义 基本原理 指导原则
how	流程步骤	提供常规程序，生成框架	基本策略 一般流程 关键步骤 具体方法
so	实践迁移	注意落地细节，促进行动	工具表单 注意事项 案例分析 应用练习

在使用这些流程时，可以根据需要选择适当的子要素。

在为美团开发课程项目时，有一个课题是"突破与加盟商讲 why 的九个瓶颈"，课程从讲 why 的前、中、后三个阶段分别各找出三个突出问题，并组成了横向大模块。而梳理纵向的教学逻辑是，这些问题的具体表现或后果（why）、解决此问题的原则（what）、具体方法（how）、案例分析（so）。于是得到了如表4-7所示的课程框架。

表4-7 "突破与加盟商讲 why 的九个瓶颈"的课程框架

模块 流程	讲 why 准备			讲 why 过程			讲 why 结果评估		
	讲不 明白	对象 错误	预判 不足	切入 不准	立场 不清	把控 不足	听不 明白	选择 执行	不能 落地
问题 表现									
解决 原则									
具体 方法									
案例 分析									

其中横向与纵向交叉而形成的"格子"就是需要在下一步填写的具体标题及内容。

在使用这个流程时，有时候也可以省略某些大步骤，甚至可以自己增加某些流程。一切都为教学内容与教学目标服务。

华为发展到今天，沉淀了很多优秀的做法，吸引了很多企业向他们取经。这些企业请华为的培训师前去授课，分享成功经验，试图解决自己企业的问题。殊不知，作为这项工作的部门执行——华为企业管理培训服务部，其内部培训师经常也遇到一些问题。比如，分享了华为的很多东西，但受训企业的情况毕竟与华为不一样，外部企业很难运用华为的已有经验。

对此，我们团队曾建议华为的课程开发人员在每个知识／经验模块下，按这教学母流程来安排内容：

关于授课主题的权威理论→华为在这个主题下的成功案例→提供实用工具及使用方法→带领学员现场演练。

这个教学流程灵活地对母流程进行了增减与重构，它适用于多数需要落地实践的技能类内容。

建构主义的教学课堂提倡通过完成任务、解决问题来达到教学目标。一个任务结束后，再进行下一个任务，每天可以安排4~5个任务。要学习的内容就包含在任务当中，这与以学科内容为导向的课程设置方式不太一样。why—what—how—so母流程甚至可以扩展为将教学内容与教学方式相结合的方式。比如图4-8所示的每个任务下的流程。

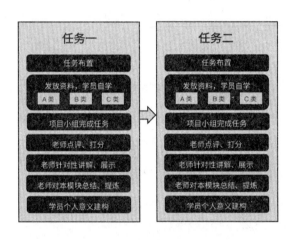

图4-8　母流程为基础的教学流程图

这种情况其实包含了一定的教学策略与教学方法，我们在策略层里阐述关于学员"做"的策略时会具体阐述。

课程模块可抽象可具体，就算是分解到很小的步骤，只要对于课程来说还是一个单独的模块，就可以用固定的教学流程。我们再来看两个来自某第三方物业管理公司的例子。

在"前台接待礼仪五部曲"的课程中，前台接待被分成五个阶段：客户来访、引领入座、亲切交流、及时记录和礼貌道别。每个阶段都有具体的礼仪要求与注意点。开发人员选择了 why—what—how—so 母流程下的子要素：常见问题、指导原则、方法要领、现场演练。如表4-8所示。

表4-8 "前台接待礼仪五部曲"母流程下的子要素

		客户来访	引领入座	亲切交流	及时记录	礼貌道别
why	常见问题					
what	指导原则					
how	方法要领					
so	现场演练					

"茶水间管理五要点"课程更细致，它把模块分解到非常具体的要点。即便如此，每个模块下的教学流程仍然是可以固定的。如表4-9所示。

表4-9 "茶水间管理五要点"母流程下的子要素

		了解物资	定置管理	安全作业	开展工作	专人管理
why	常见问题					
what	指导原则					
how	方法要领					
so	现场演练					

例子里的"格子"用于填写相关标题与内容。对于标题，根据具体内容可以有灵活或相近的表达，如"安全作业"模块对应的"常见问题"流程，可能的标题描述是，安全作业常见的问题、不安全作业的表现、安全作业的认知误区、不安全作业的后果和安全作业的好处等。

而标题下的具体内容，则是在脚本层要做的事情。通过这样的固定结构，我们在写知识脚本（萃取具体内容）时会有更好的框架引导。

课程每个模块下的教学流程可以统一固定，且最好如此。

前置性知识

在前文中，我们从智慧技能的四个层次推导出了经典的教学母流程——why—what—how—so，并把她用于课程下某个大模块的教学流程。

现在，我们把视野再提升一个级别，既然单一模块级别可以用 why—what—how—so 流程，是否整个课程级别都可以用此教学流程呢？此流程在整个课程级别上能得到合理解释吗？

如果你在我提出此疑问之前也有了这样的思考，表明你对 why—what—how—so 教学母流程理解得更深刻了。模块是相对性的说法，其实，只要涉及信息的准备与传播，无论是一个知识点、一个单元，还是一个课程，甚至多个课程的搭配，都可以用 why—what—how—so 母流程进行思考。

深度思考后在关键处豁然开朗，看到从盲目到发现、从无序到有序的漂亮转折，真是妙不可言！

因此，我们发现一个课程其实是一个完整的 why—what—how—so，而先前提到的大模块其实是更大的 how 下面的子内容。如表4-10所示。

表4-10　一个课程是一个完整的 why—what—how—so

why	what	how					so
		模块一	模块二	模块三	模块四	模块五	
why	what	why what how so	why what how so	why what how so	why what how so	why what how so	so

我们通常将课程级别的 why 放在课程开场导入里，而 so 可以是课程结尾整体的综合应用或回到岗位后的落地实践。剩下 what 的内容（以及部分 why 的内容）是整个课程要教授的具体操作策略（how）前的一些基础知识、概念定义或整体原理与原则。当这部分知识的必要程度不高时，可直接省略或者嵌入各模块下的 what 中去。但有时候没有这些基础的课程级别的 what，就难以理解后面课程模块里的内容，因此很有必要在大模块前提供它们。我们把这些内容叫"前置性知识"（有时候也叫"前言"），一般来说它们的篇幅不大。

如果用组织结构图表示（见图4-9），前置性知识模块可以处在总经理与部门经理间的位置，类似于总经理的助理或秘书岗位。

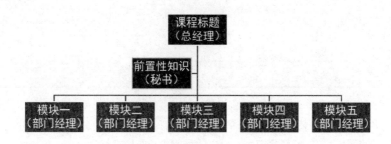

图4-9　课程组织结构图

在二维矩阵表（图）中，我们可以用表4-11来表示。

表4-11　课程二维矩阵表（图）

课程标题							
课程导入	前置性知识（前言）	课程主体					课程结尾
			模块一	模块二	模块三	模块四	
		why					
		what					
		how					
		so					

如果前置性知识的逻辑也符合 why—what—how—so 流程，课程结构的二维矩阵表（图）可用表4-12来表示。

表4-12　符合 why—what—how—so 流程的课程结构二维矩阵表（图）

课程标题							
课程导入		前置性知识	课程主体				课程结尾
			模块一	模块二	模块三	模块四	
	why						
	what						
	how						
	so						

针对把大象装进冰箱这个问题，其前置性知识可能是冰箱的构造、大象的分类、与大象相处的原则等。

课程"手把手教你写一篇10W+的文章"的前置性知识可能是消费

者心理学基础、某些社会效应、大数据统计等。

课程"合同管理常见的七个风险点及防范策略"的前置性知识可能是合同管理失误的危害性、什么是合同管理、公司合同管理的规定等。

课程"职场心态五大'杀手'"的前置性知识可能是心态的力量、积极心态与消极心态的对比、认识你自己等。

课程"突破与加盟商讲 why 的九个瓶颈"的前置性知识可能是加盟商的一般特征、与加盟商讲 why 的基本流程、与加盟商讲 why 的指导原则等。

课程"前台接待礼仪五部曲"的前置性知识可能是前台接待常犯的错误、前台接待的重要性、什么是礼仪、接待礼仪的要求与原则等。

课程"茶水间管理五要点"的前置性知识可能是茶水间常见的空间布局、公司相关的规定、茶水间管理的原则等。

延伸：课程模块锚定化

这里的模块主要是指课程内容的大模块，是大纲当中的"一级目录"，也是金字塔课程结构图中主体部分下的几个大部分。而"锚定化"就是为这些大模块寻找"锚定物"，以便让结构更合理、好记、好理解。

我在实践中总结了一些常见的锚定物，它们有时候可交叉重叠使用。如图 4-10 所示。

图 4-10　常见锚定物的交叉使用

任务流锚定

任务流锚定是指分析一项工作所需要的流程和步骤，先按完成某任务的先后顺序找出几个关键环节，每个环节可作为一个模块。

比如，问题防范三部曲（发现问题、分析问题、应对措施），新生代管理四连环（认知、沟通、激励、凝聚），新员工公众表达七步成才（消除紧张、明确主题、充分准备、优化语言、精彩互动、多彩呈现、反思评估），高效会议哆来咪（会前充分准备、会中掌握节奏、会后迅速执行）等。

形象物锚定

将抽象的流程、方法、工具形象化，找出与此模块在内涵上有共同特点的具象物，用此具象物促进学员的记忆与理解。

比如，某省的高速公路集团的内训师要做"数据分析与稽查"课程，主体内容有四大模块，即数据分析基础、收费管理数据化应用、数据挖掘在稽查中的应用和数据分析工具。大数据就像大海一样，他用了"海"做锚定物，于是这四个模块就变成了奔流入海（数据分析基础）、飞鸿戏海（收费管理数据化应用）、翻江倒海（数据挖掘在稽查中的应用）和八仙过海（数据分析工具）。如图4-11所示。

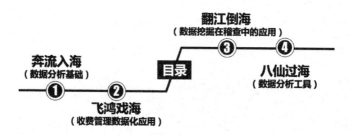

图4-11 "数据分析与稽查"课程的四大模块

比如，在国内某知名通信技术厂商的课程精品化开发项目中，有一门课程是"绩效管理"，它包含四大模块，即目标管理、绩效执行、绩效评价和绩效结果沟通。课程开发人员在分析了四个模块内容中最关键的工具之后，用了具体的物品锚定大模块，于是课程主题就变成了"四大神器搞定绩效管理难题"，四个模块就变成了如何制定并分解绩效目标（象棋）、如何辅导员工（四轮马车）、如何对于员工进行考评（尺子）、如何做绩效沟通与改进（登高梯）。

情节锚定

这是向电影艺术学来的，主要以故事或案例中的某几个关键情节作为模块的锚定物。设计的情节需要跌宕起伏、前后连贯并相互影响，以此增加学员的代入感。

我曾经设计过一个"职场人士的问题分析与解决方法"课程，课程内容以"艾迪的一周"作为情节来推进。从周一到周日，艾迪会遇到各类问题，我们从他每天遇到的问题中提取一个关键问题，大多是工作上的，也可以是生活上的，要求这些问题在情节上要有一定的关联度，然后为每个关键问题提供对应相关的分析方法与解决工具。学员只要跟随情节完成了艾迪的任务，也就学会了自己工作和生活中类似问题的分析与解决之道。如图4-12所示。

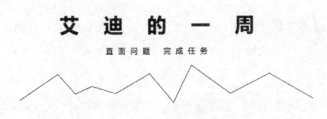

图4-12 艾迪一周遇到的问题及解决方法解析

格诺威咨询有一个经典版权课程——"情境高尔夫"，它其实是一个系列课程，每个具体课程都会指向一个明确的主题，如"情境高尔夫——团队管理"。此课程的推进也以情节为锚定。开始假定"你"在年初得到一个机会，要带领团队完成一项重要的年度任务。你带领团队完成这项重要任务的过程中会遇到大大小小的挑战，每个关键挑战就是一个锚定的"情节"，比如如何进行目标制定与分配，如何应对某个下属的越级汇报，如何处理某个有能力下属的权力要求，有下属突然离职怎么办，如何激发团队的积极性，如何向领导申请资源，等等。搞定这些问题，就像打高尔夫一样，要把球打进"洞"（重点情节、关键问题），每一洞可能需要多次"挥杆"（重点情节下的子情节、子问题）。

　　有一位内训师开发的英语教学课程也用了情节锚定。她编了一个很有趣的故事：一个老外来到中国，在不同地方遇到各种英语使用错误或不规范的情况，从而引发了一系列有趣的事。故事前后连贯，情节夸张，离奇有趣，形象生动，让人印象深刻，而相关知识点（英语语法）就挂靠在这些情节中，并根据情况适当深入展开。

　　一些电影情节也可以找到课程对应的锚定。有的老师就用《穿普拉达的女王》来讲职场新人从蘑菇期到成长蝶变的几个关键阶段。

角色锚定

　　案例或故事的情节里往往包含了角色，而角色作为锚定物强调的是多个角度，每个都承担着一个模块。

　　比如，用《西游记》里师徒四的性格特征来锚定四类不同性格倾向的人；在"情境高尔夫"系列课程里，"你"所带领的几个不同类型的下属，会分别制造出不同类型的问题；甚至可以用五个福娃（吉祥物）代表企业文化的不同方面；等等。

数字锚定

数字往往被包含在任务流的锚定物里，当然，也有些数字不一定是任务流里的。

常用数字如三招、三板斧、三驾马车、三大宝典、四重奏、四个轮子、四个关键时刻、4D、5S、五把金钥匙、五个基本要求、六项基本修炼、六脉神剑、八项关键技能、十项基本行为准则等。

字母锚定

字母锚定往往和任务流锚定方式紧密结合，它将模块中的关键性英文单词首字母提取并组合，得到一个新词。在一些情况下，它往往与数字组合使用。

比如，本书的5S敏课开发，就是5个以S开头的英文单词的组合。

"TATA目标管理系统四部曲"中TATA分别指：目标设定（target）、计划安排（arrange）、计划追踪（track）、绩效评估（assessment）。

"DISC性格分析"中的DISC分别指：控制型（dominate）、影响型（influence）、稳定型（steadiness）、严谨型（careful）。

"培训师课程开发ADDIE流程"中ADDIE分别指：需求分析（analysis）、结构设计（design）、内容开发（development）、课堂实施（implementation）、效果评估（evaluation）。

"完成任务的GROWAY思维与方法"中GROWAY分别指：目标（goal）、现状（reality）、路径（options）、计划（who/when/where/what）、行动（action）、收益（yield）。

色彩锚定

色彩有一定的顺序，不同的色彩也各有特定的含义。

比如，经典的思维类版权课程"六顶思考帽"中用六种不同颜色的帽子代表六种不同的思维模式，我们戴上不同颜色的思考帽时，思考的方向要符合其颜色所对应的模式。

乐嘉老师的课程"色眼识人"也运用了红、黄、蓝、绿四种色彩，分别代表人的四种不同风格——活跃型、力量型、完美型、和平型。

色彩不仅可用于课程模块的锚定，还能直接影响人们对品牌的认知，如有"可乐红""徕卡红""蒂芙尼蓝"。当我们说到手机界中的"蓝绿厂商"时，大家一般都会认为是 VIVO 和 OPPO。可见色彩的锚定作用之大。

其他锚定物

任何带有稳定步骤或要素的结构都可以用作课程大模块的锚定物。

我曾设计过一门课程"蘑菇总动员——价值型员工进化论"（见图4-13），是以"蘑菇定律"作为基础，指新人刚入职场，所得到的待遇像蘑菇一样，被置于阴暗角落，没有阳光，干着琐碎杂事，代人跑腿，替人受过，甚至被浇一头粪水，这个阶段就是职场的"蘑菇期"，是职场人的必经阶段。新人需要在这个阶段调整好心态，不断吸取有价值的"养料"，快速度过这个时期。

这个课程分七个部分，以"养料"为模块锚定物：第一份养料——以蘑菇的态度入世，第二份养料——一次就把事情做对，第三份养料——有逻辑的沟通和汇报，第四份养料——管好自己的猴子，第五份养料——拯救星期天，第六份养料——融入雁阵，第七份养料——向交点进化。

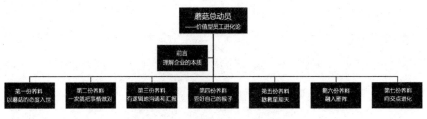

图4-13　蘑菇总动员的七个部分

某城市国际博览中心的人力资源总监很喜欢武侠小说，对其中的招数甚是了解。她开发的课程"管理'小鲜肉'的四部秘籍"就用武功招数来锚定，分别是美人照镜（了解特征）、白蛇吐芯（沟通技巧）、六脉神剑（培训技巧）、如来神掌（激励手段）。这个课程后来发展成了内部精品课程，在内部的课程发布会上被其他部门大量采购。

段烨老师开发了一门课程"建构主义7D精品课程开发"，其中"D"是design的意思，指精品课程开发要进行七个方面的设计。在确定这个名字前大家进行了头脑风暴，当时想到的还有七维、七步、七阶、七段、七招、七绝、七剑、七雄、七彩、七巧板、魔力之七、七项修炼、七大法器、七把钥匙，甚至有七仙女、七公主、七个小矮人、七个葫芦娃、七大姑八大姨等。

世间万物，有很多锚定物供我们选择。当然，我们需记住，锚定化设计是为了更好地记忆、理解、传播，所以不要找过于偏门的锚定物，否则增加了记忆负担就得不偿失了。

设计首尾流程

经过上一任务的主体框架规划，课程结构已经完成了最大的部分。剩下的前后两端也需要精心设计，尤其是开场导入的部分。

不良的课程导入

《中国培训》杂志社举办了多届"我是好讲师"全国比赛，无论是海选、初赛、复赛还是决赛，选手每次只有十分钟的展示时间。如何在这么短的时间里把一个主题讲好，赢得大家的认可，这是需要精心设计的。我在辅导与当评委时，发现没有经过严格训练的选手最常出现的问题是，导入的部分常常过于平淡，不吸引人，或者占用过多时间，导致主要内容只能点到为止。因而他们的分数通常都不高。

> 开头第一句是最难的，好像音乐定调一样，往往要费好长时间才能找到它。（高尔基）

培训师面临的最大挑战之一是使学员保持学习兴趣并参与学习。为了达到此目的，需要采取一系列手段与措施，因此，设计一个能引起学员兴趣并让他们能够参与学习的导入就显得非常重要。但是，有很多培训师在这个部分没有做好，这一环节通常存在的问题有：

- 学员没准备好就直奔主题；
- 太长，占用过多时间；
- 开场和正文分不清界限；
- 遗漏某些环节，该交代的内容没交代；
- 过分谦虚，成了自我贬低；
- 过分解释，成了寻找借口；
- 开场氛围压抑。

课程导入包含的主要内容

在教学设计领域，一堂课程如何组织安排，被广泛使用的加涅"九大教学事件"（我们在学校读书时，优秀的老师会在上课时使用这九个事件当中的部分或所有）内容是：

1. 引起注意，激发动机；
2. 告知学习者目标；
3. 回忆与激活旧知；
4. 呈现新的内容；
5. 提供学习指导；
6. 提供练习；
7. 提供反馈；

8. 测量行为表现；

9. 促进保持和迁移。

这九个事件的前面部分（前三项）为我们提供了课程导入要包含的一些内容。此外，对于整个课程的开始，我们还需要做更多的事情。

具体课程导入要包含的主要内容或功能有：

- 引起学员注意力的"装置"，如打招呼、笑话、故事、谜语、歌曲、诗歌、名言、示范、图片、视频片段、问题、小挑战、小活动等，可以发生在导入的任何环节中；
- 课程内容与教学逻辑的简介，让学员了解他们要学习什么、先学什么、后学什么；
- 以学员能理解的方式陈述教学目标，有时候也叫课程收益，让学员了解他们学完后将有什么收获，促进他们在心理上的调整与准备；
- 建立师生之间的友好学习关系。

课程导入的SCQA流程及其增强应用

从小到大，我们每天看的《新闻联播》结构都非常稳定，甚至很多句式是一样的，只需要根据情况填空即可。在片头结束后，播音员的开头句式为：

各位观众，晚上好。今天是＿＿＿＿年＿＿月＿＿日，农历＿＿＿＿，距离＿＿＿＿还有＿＿＿＿天（今天是二十四节气当中的＿＿＿＿）。欢迎收看今天的节目。今天节目的主要内容有＿＿＿＿＿＿、＿＿＿＿＿＿、＿＿＿＿＿＿。下面请听详细报道。

无论是哪一天，谁播报，这些句式几乎是不变的。对于课程的开场导入，我们也要寻找背后那个不变的句式逻辑。

正如我们找到了稳定的 why—what—how—so 教学流程一样，我们为课程的开场导入提供了一种表象背后的经典逻辑——来自"金字塔原理"中的 SCQA 流程：情境（situation），提供一个熟悉的情境或稳定的状态；冲突（complication），描述情境存在的矛盾或突然的变化；问题（question），指出问题所在，并强调需要解决；答案（answer），提供可行的解决方案。

SCQA 流程主要引导我们从听者的角度来考虑问题，从而提升学员的兴趣与学习意愿。事实上，SCQA 句式存在于大量的故事或讲话的开头。为了更好地理解并运用于课程中，我们先分析一个与课程无关的例子。

如果打仗是"主体"，那战前动员讲话便是开头，这里面也存在SCQA 流程结构。在电视剧《亮剑》里，反扫荡之前，赵刚政委对独立团官兵的动员讲话就存在 SCQA 流程结构。如表4-13所示。

表4-13 《亮剑》中的战前动员讲话的 SCQA 流程结构

流程	内容	解析
情境（S）	同志们，入冬以来，鬼子在冀中地区，进行了残酷的大扫荡，冀中军区各部队和敌人进行了激烈战斗。同时，敌人向晋东南、晋西北地区也进行了扫荡。敌人在华北地区形成了一个巨大的包围圈，想一口吃掉我们	交代目前的客观情况，形势严峻，对我们来说劣势较大

流程	内容	解析
冲突（C）	我不想隐瞒，必须把真实情况告诉你们，我们将面临一场前所未有的血战，战斗将极为残酷，我们中间会有很多人牺牲	冲突升级，这一仗的结果比以前都更惨烈，前所未有
问题（Q）	（我们怎么办？迎接挑战还是逃跑？）	说出听者的问题，有时候问题显而易见，可以不提出来
答案（A）	我要说的是，不管有再大的牺牲，这都是我们必须承受的代价，因为我们是军人，我们肩负着守土抗敌的使命和责任，我们不牺牲，难道还要牺牲我们的父老乡亲吗？（士兵答："不能！"）我们要敢于和敌人以命相搏，杀开一条血路，狭路相逢勇者胜，我们要杀出独立团的威风……	对于问题的回答，给出方案，我们必须迎接挑战

接下来我们看SCQA流程在课程的开场导入时如何使用。为了在课程的开场交代更多内容，我们对SCQA流程进行了升级，从四步变成七步，但核心还是SCQA的四步，我们可以将其看作SCQA的升级版。如表4-14所示。

表4-14　课程导入的七步流程

步骤	要素	举例
第一步	问候	各位伙伴，大家上午好！
第二步	自我介绍	我是来自人力资源部的培训经理×××，很高兴与大家一起交流分享 我是公司××部的经理，也是公司高级讲师×××，很荣幸与大家交流
第三步	情境（S）：目前稳定并熟知的状态	大家知道，从去年以来，公司规定…… 俗话说，世界上最难的两件事情是…… 生活中，我们处处可以看到…… 用好××是一个职业人士的必备技能…… 学会××可以大大提升工作效率……

（续表）

步骤	要素	举例
第四步	冲突（C）：遇到的挑战或发现的不良现象	但是，大家在执行过程中遇到了…… 上周，有一位同事与客户沟通中出现…… 然而，我发现多数人并没有真正理解…… 大家还是喜欢用老办法在进行…… 其中发现最大的原因是管理者没有……
第五步	问题（Q）：连接问句	那我们如何更好地应对……呢？ 有没有更好的办法让它……呢？ 如何更好地理解应用……，使我们…… 如何避免……事件的发生呢？ 如何提升我们……技能，以更好应对…… 这些成功经验如何更好地……呢？
第六步	答案（A）：课题+简介+收益	课题： 多年来我一直在寻找解决这个问题的答案，它就是今天的课程××× 于是，我开发了这个课题××× 我们今天的课程×××就是为此而准备的， 我今天与大家分享的内容是…… 简介： 本次课程分成×个部分，分别是…… 本次分享内容包含×个模块，按××逻辑排列 收益： 本次课程从××到××，分别尝试解决××的问题。 课程由×个部分组成，分别是……，每个部分的价值是……
第七步	转到正文	接下来，我们进入第一部分……

　　记住课程导入的这七步流程，以后再进行培训，我们就不要直奔主题了。

　　以下几个例子来自业界的一些培训师，用来给大家做参考。

　　小康股份的一位内训师在"上行文写作常见的问题及解决措施"这门课程中的开场导入（有改动），如表4-15所示。

表4-15 "上行文写作常见的问题及解决措施"课程导入的七步流程

步骤	要素	内容
第一步	问候	尊敬的各位领导和同事,大家好!
第二步	自我介绍	我叫×××,是集团董事长办公室的一名机要秘书。自2009年年底来到小康,一直与文字、文件打交道
第三步	情境(S)	办文、办事、办会是办公室的三大核心业务,办公室的工作也紧紧围绕这三大业务开展。一个企业文件制发质量的好坏,是一个企业外在形象的展示窗口,是一个企业软实力的综合体现之一。上行文是小康集团文件管理体系的重要组成部分之一,且占有较大的比例。据上个季度的统计,公司请示报告类上行文在公司整个文件体系中占85%的比重。上行文对外所制发的红头文件质量好坏,将会直接影响到公司的形象,也直接会影响到与该文件相关联的办文、办事、办会的效率和效果
第四步	冲突(C)	公司从2013年年底开始全面推行电子化请示报告审批流程,这几年来,也进行了不少相关知识的培训,集团的文件制发质量得到了大幅度提升,但依然存在不少问题。例如:大家对公文的格式要素掌握情况参差不齐,使用的公文语言不精确、不简洁、不直观等
第五步	问题(Q)	那如何快速提升我们的上行文技能水平,如何认清自己在上行文方面的不全面进而查漏补缺呢
第六步	答案(A)	根据对公司文件的理解,以及个人所掌握的一些情况,我开发了这门课程——"上行文写作常见的问题及解决措施"。本课程从上行文的制发、流转过程中,以及电子化审批使用等方面存在的一些问题,提出解决的方法和措施,并提供一些工具,让大家以后在工作中不再为上行文的写作而烦恼
第七步	转到正文	下面,我们开始第一部分的学习……

代表重庆燃气集团的田晓老师,参加了2017年中国燃气协会举办的全国讲师比赛,获得了第二名(与第一名只差0.4分)。她的课程是"写好转发类通知标题的'万能公式'",我们一起看她是如何导入的。如表4-16所示。

表4-16 "写好转发类通知标题的'万能公式'"课程导入的七步流程

步骤	要素	内容
第一步	问候	尊敬的各位领导、各位评委老师、伙伴们,大家下午好!
第二步	自我介绍	我是重庆燃气集团的田晓,今天很高兴来到这个平台与大家分享我的一点小知识
第三步	情境(S)	从PPT上大家注意到了,我今天要讲的与转发类通知有关。我们都很熟悉通知,那我想问在座的各位,什么是转发类通知?我们在什么时候会写转发类通知呢?当我们企业在收到上级单位或外单位文件时,领导让我们将这个文件下发给我们的基层单位,这种时候需要写转发类通知。一般来说,这种情况不太难,我想大家也经常见到
第四步	冲突(C)	但是,在我们日常工作中,往往会出现这种情况:我们收到的上级单位的文件,是上级单位转发的上一级或再上一级单位的,一层一层转发到我们这里,当我们拿到这份文件要转发时,大家觉得我们在拟定通知的时候,是正文好写,还是标题好写呢?为什么正文会好写?对对对,我听到很多人都回答了,因为转发类通知正文只需要一句:"现将某文件转发给你们,请贯彻执行。"那标题呢,我们如何写这类通知的标题,常常会让很多人很苦恼
第五步	问题(Q)	有没有什么简单实用的方法,既好记又好用,遇到多层转发的通知时,都能正确快速地写出标题呢
第六步	答案(A)	这就是我今天带给大家的"写好转发类通知标题的'万能公式'",这个公式是我十多年相关工作经验的总结,借此分享给大家。我相信大家学了这个公式后,今后无论遇到多少层转发,写这样的标题都能得心应手。 我的内容分三个部分:第一部分是常见的错误,第二部分是写作的万能公式,最后一部分是此公式的实际应用。我们的重点在第二与第三部分……
第七步	转到正文	接下来我们看第一部分……

下面是金钼股份的一位负责环保工作的内训师关于"转变管控方式,落实科学环保理念"课程开场的SCQA流程导入,如表4-17所示。

表4-17 "转变管控方式，落实科学环保理念"课程导入的七步流程

步骤	要素	内容
第一步	问候	各位同事，大家上午好！
第二步	自我介绍	我是咱们公司环境保护业务主管×××，今天很高兴就环境保护问题与大家一起交流分享
第三步	情境（S）	近年来，我国环境保护问题越来越严重，雾霾天气越来越多，已经影响着每个人的衣食住行，国家对环境保护工作越来越重视，在十九大报告中，将污染防治与防范化解重大风险、精准脱贫一起列入三大攻坚战
第四步	冲突（C）	对于企业来说，我们的主营业务都与有色金属相关，正是环境污染监管的重点，我们下级许多单位都被列入了国家或省级在排污方面的重点监管对象。这几年来，我们各级单位面临的环保压力也越来越大，已经严重影响了正常的生产组织
第五步	问题（Q）	那我们怎么办呢？我们如何有效地应对环境监管压力，化解自身生产的环保风险呢
第六步	答案（A）	这两年，作为公司环境保护业务主管，我在这方面也做了大量的学习和研究，试图找到有效的解决方案。这就是我今天要与大家分享的课程"转变管控方式，落实科学环保理念"。就这个课程，我今天从四个方面与大家分享： 第一，企业面临的环保挑战与机遇； 第二，企业的环境保护现状与问题； 第三，如何管控企业经营环保风险； 第四，如何提升企业环保管理水平
第7步	转到正文	下面我们进入第一部分的学习……

　　SCQA流程为我们提供了一个很好的导入核心框架，但要灵活使用开场导入的七步流程还有一些注意事项，如表4-18所示。

表4-18　开场导入七步流程的注意事项

步骤	要素	注意事项
第一步	问候	简洁直接，不要在此扩展内容； 不要称呼学员为"学生"
第二步	自我介绍	不要刻意扩展自己的名字，除非与主题相关； 加上简单的抬头会让别人知道你的来路； 可以适当补充获得"信任状"的简短话语，如在此领域的经验与成绩等
第三步	情境（S）	从大家熟悉的事物开始； 从客观的或正面的事情开始，不要一开始就提到负面的； 可以追求理想型； 稳定的状态不一定是平静的，有时候长期的矛盾状态也算一种稳定的状态； 有时候可以在此强调本主题的重要性； 可以加上一些事例或数据表示强调
第四步	冲突（C）	稳定状态的变动，或者改变的愿望； 关注当事者的心理变化； 通常描述不好的现象，并举出典型事例； 可配合数据说明事情的严重程度； 冲突的三种类型：不良情况已经发生的，如不加以防范就会发生不良情况的，还未达到设定的更高期望的； 多多举例说明，让冲突有血有肉，更有感染力，也可以设置引起学员注意力的"装置"
第五步	问题（Q）	此处的问题是冲突的显性化，是停止冲突的设问； 此步骤可起到过渡的作用，从外围连接到课题； 当设问显而易见时，有时候可以省略不提； 可多次设问反衬大家对答案的渴望
第六步	答案（A）	可强调自己在寻找答案中的努力过程； 可用以前学员的收益事例来提升学员的期待； 可以在所有课程模块简介后说明收益，也可以在每个模块后附带此模块的价值或意义
第七步	转到正文	在到正文之前，根据课程时长与必要程度，可灵活加入这些内容：学习公约、课程开展形式、需要大家具备的学习状态、课程特色，甚至是进一步引进兴趣或促进学员间联系的"装置"等

以上我们谈的是课程级别的开场导入的步骤，而比整体课程更小的单独内容模块同样需要导入设计，只是复杂程度相对较低，有时候一句名言、一个提问、一个案例便能起到导入作用。总之，无论是大内容还是小内容，只要是正式内容，都要具有开场导入的思维。

事实上，这个导入七步流程不仅适用于课程，对一般的工作汇报或项目宣讲也非常适用，比如下面的例子。

身为某上市公司（以地产代理为核心业务）的培训负责人，Maya在某次管理者会议上获得一个绝佳的展示机会，她要向在座的管理者（中高层集体在场）发布以赛带训的培训项目"超级演说家"，此项目与在场的人息息相关，并需要他们积极配合。在这种场合的成功展示，将能起到以小博大的效果，无论是对项目推进还是对个人影响力的塑造都大有裨益。她的开场如表4-19所示：

表4-19 "超级演说家"项目汇报开场的SCQA流程导入

步骤	要素	内容
第一步	问候	亲爱的伙伴们，大家上午好！
第二步	自我介绍	我是培训部的Maya，我想大家都认识我了，平时被我骚扰不少啊，感谢大家对我工作的支持。今天我将花十分钟左右与大家发布公司接下来要实施的一个培训项目（配合有PPT，并停留在有项目标题的首页上）
第三步	情境（S）	俗话说，世界上最难的两件事情，一是把想法从自己的脑袋放到别人的脑袋，二是把钱从别人的口袋放到自己的口袋。这两件事情，在座的各位每天都在进行，且你们还在教导下属进行。这两件事情总结起来其实就是一个能力——商务演说。提到演说，估计有些人头脑中出现的是以前在学校时候的各类演讲比赛，而我们这里要强调的是商务领域里的演说，它和我们日常关键性工作息息相关，比如给开发商做项目提案、给客户做户型推介、给下属做工作指导、给新员工做培训、给上司做工作汇报或向上司请求资源等

（续表）

步骤	要素	内容
第四步	冲突（C）	以上事情大家平时都在做，那么请问一下，我们是否做得很好了呢？据我的观察与调研，在商务演说方面，我们公司从上到下都还有较大的进步空间。面对每一次的演说，如何结构化整理自己的思路，如何快速做出让人眼前一亮的PPT，如何在台上优雅自如地呈现，这些事情很多人掌握得并不太好，以至为了第二天的演说经常熬夜甚至通宵准备。其实我们完全可以提升效率
第五步	问题（Q）	有人可能在想了，演说能力提升是长期的过程，我们现在工作这么忙，如何快速提升呢
第六步	答案（A）	经过大量考察研究，我们为大家准备了内容实用、形式灵活的学习项目——"超级演说家"。接下来我将从以下几个方面阐述，与大家相关性强的部分会重点强调：项目包含的重点学习模块、项目整体形式、项目推进安排、线上学习事宜、导师选拔规则。之后会留有提问互动时间
第七步	转到正文	下面，我们来了解项目包含的重点学习模块有哪些、为什么这么设计……

课程结尾要包含的主要内容

相对课程其他部分的重要性与复杂性，课程结尾部分显得轻松得多。因为到这个环节时，大家已经相互熟悉，彼此有了认同感，学习氛围也很好。但是，培训师仍要对结尾部分所包含的这些要素或策略做到心中有数：

- 回顾教学或内容的重点、难点、关键点，并提炼总结；
- 给学员提供总结的机会；
- 给学员展示作品的时间；
- 让学员相互点评；

- 测试、考试、行动计划等；
- 与课程开场导入或教学目标呼应；
- 鼓励迁移，激发行动。

与导入环节一样，结尾环节也不只是针对课程级别的，在每个内容模块中都要具备结尾的思维。

延伸：首因效应与近因效应

首因效应，也称为第一印象作用、先入为主效应。对事物的整体印象来说，第一印象中所得到的信息比以后得到的信息产生的作用强得多，持续时间也更长。对培训师来说，不是上台时才产生第一印象，其实上台前与学员已经有了非正式的互动，这时就已经给学员留下了第一印象。所以，培训师一定要非常注意与学员接触时的言行举止，尤其是第一次接触时。

我们如何运用首因效应为自己加分呢？以下是可参考的做法。

- 如果第一次接触不是在现场，而是在项目启动时的微信群，老师打出的词句一定要显得既专业又有亲和力，同时，一张合适的职业照会让学员对老师产生直观的感受；
- 授课当天的着装要与课程及现场匹配，一般比学员的穿着稍正式一点即可，不宜与学员一致或比学员高很多，比如面向穿着较随意的互联网公司的学员，老师不宜穿得太高冷范儿；
- 老师的个人介绍可由助教或主持人帮忙介绍，最好还是在学员的讲义中有详细版本；
- 注意讲师课件与学员讲义的版面美化设计，字体、色彩、风格等每个细节都是老师作品的一部分，这些细节会影响学员对老师的评价；

- 携带专业的教学工具，熟悉现场的教学设备使用，特别注意话筒的专业拿法；

- 眼神坚定、自信、不游离，与学员目光交流时要照顾到每一个人；

- 声音饱满、自然、不尖锐，开场问候可以大声些，语速适当放慢些；

- 设计故事、案例、视频、活动等"装置"来引起学员的注意，但所用时间不宜过长；

- 开场导入时要精心设计，让学员参与，如果这个时候学员有兴趣了，那么他们对接下来的内容自然就愿意尝试了。

与首因效应很接近的一个效应是光环效应，有时候也叫"晕轮效应""成见效应""光圈效应""日晕效应""以点概面效应""月晕效应"，它是指在人际知觉中所形成的以点概面或以偏概全的主观印象。首因效应强调开始的重要性，而光环效应强调人们在没有得到全面信息时就已经做出了判断，如果对老师的某一点很认可，则可能迁移到认可老师的很多方面上，即爱屋及乌。

另外一个效应是近因效应，它和首因效应刚好相反，它认为新近获得的信息比原来获得的信息印象更深刻。这个效应告诉我们要重视结尾的设计。在一次培训课程中，如果结尾设计得精彩，学员的参与度高，那么学员往往会对整体课程的评价较高。这也要求我们在每个模块及课程结尾部分一定要做总结，重复是学习的必备过程。

首因效应与近因效应看似相互矛盾，实际上它们在学员中都普遍存在。学员的个性特点也会影响首因效应或近因效应的产生。一般来说，心理上保持高度一致、具有稳定倾向的学员，容易受首因效应的影响，而心理上开放、灵活的学员，容易受近因效应的影响。

第五章

脚　本　层

| 情境层
Situation | 结构层
Structure | 脚本层
Script | 策略层
Strategy | 表现层
Surface |

● 关键任务 ●

开发知识内容
刻画信息细节

开发知识内容

经过前文对情境分析与结构规划的讲解，我们已经将课程开发的骨架搭建起来了。同时，通过二维矩阵表（图）的方式，我们还确定了课程开发的横向与纵向逻辑，即交叉出对应维度的"格子"。而这些"格子"其实就是一个个知识单元格，它们的标题已经确定，只需要我们在这一层级里填充具体的内容——"写脚本"就可以了。

课程内容不合理的表现

实际上，我们平时所说的"干货"知识，代表的就是课程脚本层的"格子"里的内容。它们是课程的知识细胞，无论大小课程，都是由这些最基本的"格子"构成的。但在实际课程中，我发现有些课程所包含的内容有诸多不合理的现象。

干货不足

当学员离开教室后，要回忆一天学习到了什么内容时，除了记得老师讲了几个关于自己孩子的例子，其他能想起来的内容寥寥无几。有些人拿着那份课后考试题，甚至都难以找到恰当的知识来填充。

信息过载

有些课程不仅包含了学员应该学习的内容，也包含了大量可学可不学的内容，还可能有很多无意义的内容，这都加重了学员的认知负荷。

常识过多

这种现象在企业培训中大量存在。这是没有以学员为中心设计课程内容的表现。比如有些课程的内容对新员工来说是合适的，但对有经验的老员工来说就属于重复学习。老员工的学习诉求与新员工肯定不一样，他们会更加重视更高层次的知识内容，甚至希望能获得对实际工作有指导意义的实操性知识。所以，针对这种情况，我们需要重新设计课程内容。

信效不足

课程包含的内容是否经过了评估？有没有理论指导或成功案例？这是目前最好的办法吗？类似这些问题都在拷问课程的质量。目前培训市场上存在一种倾向，认为企业培训管理者不太喜欢所谓"理论派"老师，所以很多老师就标榜自己为"实战派"。所以我们看到大量没有理论指导的课程内容，仅讲一些"术"的层面的东西，而背后起决定作用的"道"方面的内容极少涉及。在变化如此快的时代，这样的培训内容适用性不强，学员也没法真正理解，更不用说灵活运用了。

操作性弱

企业培训的出发点与归宿点是解决问题（恢复原状、防范潜在问题、追求理想），而学校教育则着眼于人的综合素质培养。这就要求我们在开发课程时，要注意理论内容与企业实际相结合，要考虑课程在受训企业落地的问题。因此，我们的课程内容最好包含一些落地时要用到的清单、列表、工具和话术等。

填充知识单元的方式与常用"桥梁"

对结构规划后得到的"格子"，我们需要先描述好标题，再进行"内容生产"。内容生产在操作上有两种方式，即个人独立完成与专家团队共创。如表5-1所示。

表5-1　内容生产在操作上的两种方式

	个人独立完成	专家团队共创
成员数量	一位专家	多位专家＋引导者
成员要求	必须是该领域专家	有时候可跨界共创
过程要求	克服自我偏见	对多方意见的综合
效率	一般比较高	如果难以协调多方意见则较低
难度	较低	较高
可复制性	一般而言较弱，受专家水平影响	相对较强，内容较客观

无论选择哪一种方式进行（受企业提供的资源与条件限制），所输出的知识内容都要经过更高层次的内容专家或领导进行评审，条件允许时还需部分代表性学员试用。

内容无论是独立完成还是由专家团队共创，这个动作与产出都可以称为"写脚本"。在结构规划到写脚本这个过程中，其实不少作为内容专家的课程开发者已经可以进行"格子填充"了，但更多人只是有了比较模糊的方向，要马上清晰具体地描述内容有难度。要到河的对岸，你可以游水，也可以坐船，能力强的甚至可以直接用力跳过去，但当你想更方便地过去时，则需要通过桥梁。于是，我们提供了四种常用的过渡物——桥梁，它们是达到目的的中间过程。如图5-1所示。

图5-1　填充知识单元需要桥梁

下面分别详述四种常见的写脚本的"桥梁"。

桥梁1：经典成果的借鉴

对于一些通用课程，如通用管理、项目管理、时间管理、职业化养成、商务礼仪、服务礼仪等，前人已经在此领域耕耘多时，从理论到实践都有很多成熟的成果，这些内容被保存在书籍、光盘等媒介中。作为开发人员，如果你的课程不是完全针对本企业业务的很偏门的内容，只要用心寻找，总能找到可借鉴的经典。我们不必重复造轮子，而应该站在巨人的肩膀上，这能大大提高开发的效率。有大师在背后站台，你的课程内容就更值得信任。

那么，这么多理论与方法论，选择哪一个呢？我的建议是，根据自己的理解能力与企业的需求，选择经典的、有模型的、体系自洽的理论与方法论。

为什么会出现"听过很多道理，依然过不好这一生"的困境？为什么现在大家对学习知识如此焦虑？为什么在各类学习 App 上付费听了大量一小段一小段极度精简的所谓"干货"后依然没法建立良好的思维模式？为什么我们不喜欢"鸡汤"但将其换一种包装后依然热捧并欣然"喝下"？我想，大多人的学习杂而乱，不学经典，不学模型，学什么都不精深，几乎都是在"顺应"零碎的内容，而不能"同化"它们。没有建立起稳定的思维结构，很多知识就会产生"惰性"，不能从临时"内存"（工作记忆）存到"硬盘"（长时记忆），不久即忘，更不可能用于指导或改善工作和生活。

国内某保险公司的培训负责人 Sherry 原先在企业管理方面的学习多而杂，公司邀请了不少时下热门的管理技能提升类老师到该公司讲授管理方法论，她个人对于各类引导技术、教练技术、私董会等流行技术也学了个遍，但效果并不像最初预想的那样。

后来，她接触了德鲁克的读书会，顿有相见恨晚之感。从此以后，她无论到哪里都会带着德鲁克先生的书，书上做了密密麻麻的笔记，书中哪块有对她触动颇深的话，她都一清二楚，而且还抓住一切机会与人分享。

在系统学习德鲁克先生的思想后，她的思维模式变了，在管理学领域建立起了稳定的知识结构，对于他人提出的管理学观点也能理解、消化、判断和评估了。同时，她知道公司需要邀请具有哪类管理思想的老师来授课，也能用更贴切的管理方法把自己的部门管理好。可以说，在这个领域，她的任督二脉被打通了——之后的管理学内容都可以"同化"学习，外部信息进入内部时都能找到附着之地。

因此，我建议课程开发要借鉴经典的理论，因为经典的东西经得起时间考验。

桥梁2：原有材料的使用

即便是通用课程的开发，也要求针对企业情况进行定制，比如结构可以是前人的成果，但要结合企业个性化的案例、数据、使用场景、操作原则上的倾向等。同时，还要包含大量需要针对企业自身业务的课题，这类课题通常占比最大。当然，需要进行课程开发的企业，其内部已经积累了不少相关课题，它们可能散落于各个角落，也可能已集中到某个知识管理部门进行了统一管理。这些原有课程素材是我们写脚本的基础。为了更快产出高质量的成果，我们不应对企业这么多年的积淀视而不见。

为了更好地理解我们要收集的素材，我引用一个模型作为寻找素材的维度——DIKW，如图5-2所示。

图5-2 收集素材的 DIKW 模型

DIKW 模型是一个可以很好地帮助我们理解数据（data）、信息（information）、知识（knowledge）和智慧（wisdom）之间关系的模型，我们将此作为维度来寻找素材。（关于 DIKW 模型的理解，不是本书的要点，读者可自行理解、消化。）如表5-2所示。

表5-2　DIKW 模型的对应素材

	简单理解	对应的素材
数据（D）	客观的现象、事实	原始素材、工作记录、录像监控、数据、图表、图片等
信息（I）	经过整理、分析后的数据	公司发布的内容、公司有关规定、领导讲话、领导汇报材料、项目成果汇报、公司期刊、行业资讯等
知识（K）	是信息在情境、经验、见识与价值观中的动态融合	概念、定义、原则、模型、流程、方法、步骤、要点、注意事项、模板、工具、SOP 标准作业流程、工作宝典等
智慧（W）	对知识的运用	正面案例、反面案例、原有课件、专家总结的优秀经验等

数据与信息是客观的，而知识与智慧则需要依附于某个人的主观判断。我们这里收集的资料，这些主观的知识与智慧是相对于所依附的企业而存在的——注意，我们把企业人格化了。事实上，我们必须把知识与智慧迁移到自己身上并灵活运用，才能说自己具备了知识与智慧。所以，优秀的案例素材对于企业来说可以是智慧的，而对于某个个体的人来说只是信息而已。

能敏锐发觉原有材料并认清其作用，大大利于课程的开发和效率提升。我在以往三天两夜的课程开发工作中，都会提前一周让参训人员收集这些资料，带到课程现场，待课程的结构规划好了，写脚本时从这些素材里淘金，总能多（内容多）、快（速度快）、好（质量好）、省（时间省）地完成本阶段的任务。

桥梁3：工作流程的对比

此桥梁主要指完成一件常规任务时，标杆员工与一般员工甚至差的员工所表现出来的差异，这些差异包含行为动作、思维模式。通过优劣对比能看到明显的差异，有利于更好地提取优秀员工的行为动作及思维模式。培训的目的就是把一般员工与差的员工培训得像优秀员工一样棒。

我们以银行工作人员服务顾客办理业务时的行为对比为例，如表5-3所示。①

表5-3 银行工作人员服务顾客办理业务时的行为对比

阶段	应该做的	不应该做的
问候顾客	主动问候客户，如"你好""早上好"等	等顾客先说话
	对顾客说些特别的话，使服务可修改化。例如，尽可能称呼顾客姓名，说"很高兴又见到您"或"好久不见"	对待顾客如陌生人，好像从来没见过
	如果你必须先完成前一笔交易才能对下一位顾客服务，要微笑地告诉该顾客原因，并说只要一小会儿就可以完成手头工作	继续做手头工作，做完后才抬头和下一位顾客说话
	询问"我今天能帮您做什么"	等顾客自己说需要什么服务
业务处理	注意在你的窗口前排队的顾客。如果你必须离开工作台，要告诉新到的顾客去别的窗口排队	让那些在你的窗口已排了半天队的顾客去别的窗口
	仔细聆听顾客的问题或服务要求	打断顾客的话，认为自己已知道他们要说什么，从所填的表上能知道他们需要哪类服务
	处理业务时要专心致志	与其他员工或顾客聊天，延长了对当前顾客的服务时间
	填写表格上的漏填项，并向顾客解释你都加了什么、为什么	简单告诉顾客表格填写不完整、不正确，让他们自己解决
	如果顾客还需要填写其他表格，要给予完整、清楚的说明	简单地说"把这些表填一下，填好后再过来"

① 本例原始素材来源于迪克与凯瑞合著的《系统化教学设计》，并改编。

阶段	应该做的	不应该做的
结束交易	询问是否还需要其他服务	通过将目光移到下一位顾客，把当前顾客打发走
	感谢顾客光临	完成交易时，表现得好像是帮了顾客的忙
	对顾客的议论给以言语回应（如对天气、假期、度假、穿着或发型、新的饰物等）	对顾客的议论置若罔闻
	以祝愿结束（如"保重""旅途愉快""玩得愉快""走好"等）	任由顾客离开，没有任何说法或祝愿

有了这些细致观察的对比成果，我们再寻找这些行为背后的思维模式，就会发现优秀员工在处理该工作时是热情、主动、耐心、专心地提供个性化服务的，而差的员工则是冷淡、被动、急躁、心不在焉地进行机械化服务的。如此分析后，对于"银行柜员顾客服务"课程中的"礼貌服务"模块，我们便可轻松填写 why—what—how—so 流程——不礼貌服务的常见表现、礼貌服务需要的品质要求或原则、服务流程中的礼貌行为、礼貌服务话术清单或现场礼貌服务演练等。

这些所观察到的具体行为及背后的思维模式越具体，越有利于内容的生成。

桥梁 4：棘手问题的解决

桥梁 3 是在常规的工作流程中分析优秀员工（或专家）是怎么做的，而桥梁 4 是在非常规情境下，看优秀员工（或专家）是如何解决问题的。专家能按顺序解决棘手问题，他们一定做对了什么，有过人之处，我们生产的内容就应该包含这些闪光的经验智慧。考察专家的问题解决的过程，我们不仅要看专家做这件事情的动作，更要挖掘其动作背后看不见的部分——在认知层面进行分析。也就是说，我们不仅要看专家的"做"，更要看专家的"想"。

有生于无，看得见的社会实体都是由看不见的源头创造的。《U 型理论》里把这种看不见的源头称为"盲点"。它是我们内部或周围的注意力和意愿的发源地，虽然看不见，但在我们每天的生活互动中都有它的身影。我们可以将其比作如何欣赏艺术家的作品，至少有三种可能的视角：

- 可以聚焦于由创造性过程产生的作品；
- 可以聚焦于绘画的过程；
- 可以观察站在空白画布前的艺术家。

换言之，我们可以在艺术作品的创作过程后（作品）、创作过程中（过程）、创作过程前（空白画布或源头）来观察艺术作品。

以此类推，我们同样可以从三个不同角度来观察专家解决棘手问题：

- 专家当时做了什么；
- 专家当时是如何做的；
- 专家实际操作的源头是什么。

为了知道专家是如何想的，找到行事的源头，我们有时候需要把当时的情境还原，有血有肉、细节丰满的故事能帮我们更好地了解专家的行为与思考方式。还是用大家熟知的 SCQA 经典流程来分析，不同于之前将这个流程用于前言（课程开场导入）的部分，现在我们只需要把 A（答案）部分进行充分展开即可。A 在这里不只是开场导入时对主题的引出，还引申拓展为解决冲突的具体方案或做法。

- 情境（S）：交代问题发生的背景、时间、地点、人物；
- 冲突（C）：问题升级，变得棘手，遇到挑战，甚至挫折；

109

● 问题（Q）：问题的显性描述，主要针对当事人或组织而言；

● 答案（A）：一步一步解决问题的过程中所采取的策略、措施等。

如果开发人员作为内容专家，自己也解决过不少棘手问题，当自己没办法很好地提取内容时，也可以用 SCQA 流程把当时的场景进行还原，再从这些动作中寻找背后的智慧金矿，这样脚本写起来就容易多了。

这里的"专家"不一定指某个人，也可以指某个项目团队，只要他们以主体身份成功解决了某些棘手问题，这些成功经验值得被组织里的同类成员学习，他们就是"专家"。下面我们看一个项目组的案例。

企业年金是指企业及其职工在依法参加基本养老保险的基础上，依据国家政策和本企业经济状况，经过必要的民主决策程序建立的享受国家税优支持的养老保障计划。近年来，各大银行相继提供企业年金托管业务。

2015 年 7 月，某银行湖北省分行给孝感分行发去贺信，祝贺他们克难攻坚，实施联动营销，成功中标孝感烟草公司企业年金托管银行资格，实现了全省该行企业年金单一计划"零的突破"，新增企业年金基金托管规模 8000 多万元，并得到了总行的表彰。

这是一个非常典型的标杆，孝感分行完成了一大任务，也解决了一个非常棘手的问题，成为该省第一个获得如此大单企业年金的支行。在这个过程中，他们一定做对了什么事情。

孝感分行经常被其他分行邀请分享成功实践，这就需要他们从个别的做法提取出适用于其他分行的办法，以便这个成功经验能在组织内部快速复制。以下是拿单的关键过程还原，原始素材由沈丽萍老师提供，笔者进行了改编与优化。

情境（S）：每年的春节前，我行的客户经理都会对大客户进行登门拜访。2015年2月，我行某客户经理与领导登门拜访孝感烟草公司，得知该公司企业年金受托管理人合同将于5月份到期，公司计划重新招标受托人。

问题（C）：我行对此信息非常重视，这里包含着巨大商机，同时挑战也很大。我行的企业年金托管业务才推出不久，在营销层面没有成熟的做法可借鉴，一切需要从零开始，加上当地有实力的竞争对手众多，要想拿到该烟草公司的企业年金托管业务，难度相当大。

冲突（Q）：此时我们遇到的问题是，要不要参与竞争性投标？如果参与，如何提升中标率？

答案（A）：在核实孝感烟草公司关于企业年金信息的真实性后，孝感分行客户服务部领导认为该笔业务意义重大，于是果断拍板，参与本次竞争性投标，并调动一切可调动资源支持该项目。

他们迅速行动，在行内组织召开专题会议，组建由市分行领导指导、机构业务中心牵头、市直支行、网点具体操作的营销专班。

面对首次办理该类业务的困境，孝感分行选择向上级行求助。省行在接到我行求助信息后，多次派人到我行进行企业年金业务知识培训，并深入企业，开展业务宣讲。

在营销过程中，包括原托管人在内的多家金融机构也闻风而动，开始主动与企业接洽。为争取时间，孝感分行将营销团队分成小组，同时拜访该企业年金业务的决策层与参与人员，分头出击，进一步全面了解他们对企业年金服务方案的具体要求和预期想法，并积极宣传我行开展企业年金托管业务的优势，争取取得客户的认可和信任。根据调查情况，我们联合省行机构业务处为企业量身定制了年金服务方案，并在此基础上，充分调动银企的亲属、朋友、同学关系，形成强大的公关网络。

（结果）两个月的不懈努力，我们一举击败了以建行为首的多家竞争对手，成功中标孝感烟草公司的企业年金转托管业务。

以上案例经过 SCQA 对解决棘手问题过程的还原，为接下来填写 why—what—how—so 教学流程所包含的内容起到了"显性中介"的作用。

对于"成功企业年金营销的六个关键"主题 / 模块，教学流程有：

- 企业年金营销过程中常遇到的挑战（why）；

- "敌强我弱"下的企业年金营销策略（what）；

- 六个关键行动及注意事项（how）；

- 企业年金营销过程工具集（so）。

就案例所体现的较直接的六个关键行动，提炼如下：

行动1：建班子。开专题会议，组建营销专班。

行动2：借外力。求助上级行，提升业务知识。

行动3：展优势。见缝插针，展示我行优势。

行动4：快响应。分头出击，快速了解需求。

行动5：量身做。量身定制，打造个性服务方案。

行动6：重人情。注重人情，形成公关网络。

以图形方式呈现六个关键行动，如图5-3所示。

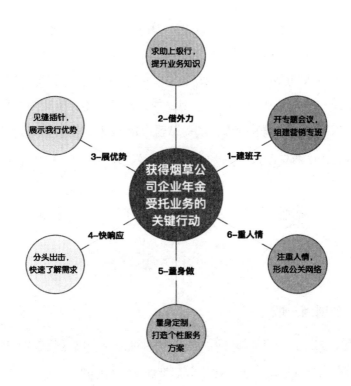

图5-3 "成功企业年金营销的六个关键"行动

　　正如此方法本身是桥梁一样，SCQA 工具也是用此方法描述案例的桥梁。桥梁重过程，当熟练的时候，可适当省略某些步骤。

　　假设你是课题的内容专家，所需要的桥梁不像非内容专家那样详细，但如果你不是解决棘手问题的当事人，通过访谈让当事人回忆还原过程时，需要问得更仔细些。

　　在此撰写的案例原本为填充知识单元服务，但也可改编用于课程当中，谁不喜欢好案例呢？

延伸：人类认知活动的两个基本途径

人类的认知活动，总是按这样的规律不断循环：先接触到个别事物，而后推及一般，又从一般推及个别，如此循环往复，使认知不断深化。从个别到一般是归纳的过程，从一般到个别是演绎的过程。人类的科学大厦就是在这两种方式中不断演化构建起来的。如图5-4所示。

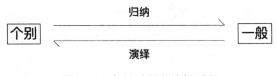

图5-4　归纳过程和演绎过程

归纳：个别到一般

根据一类事物的某部分所具有的某种性质，推出这类事物的所有对象都具有这种性质的推理，叫作归纳推理，简称归纳。

我们看到东方的乌鸦是黑的，再看西方的乌鸦也是黑的，接下来看到南方的乌鸦与北方的乌鸦也是黑的，于是得出了结论：天下乌鸦都是黑的。

A是人，他后来死了；B是人，他后来死了；C是人，他后来死了……结论是，人都会死。

某公司高层喜欢学习，中层喜欢学习，基层喜欢学习，于是得出结论：某公司的人都喜欢学习。

要确定医学上临床实验某种药物对某种疾病的治疗效果，从而做出对该药物是否应该被推广的判断，通常会经过这样的程序：第一位患此疾病的患者服用该药物后有效，第二位患此疾病的患者服用该药物后有效，第三位患此疾病的患者服用该药物后有效……第n位患此疾病的患者服用该药物后有效。于是，归纳出结论：该药物对一般患此疾病的患者都有效。

这就是归纳——从个别现象的列举推出一般规律。

归纳的漏洞是当条件中出现一个不一样的现象时，结论便受到挑战——尤其是对于简单归纳后得出结论的情况。比如，人们在澳大利亚发现了黑天鹅后，原来"所有的天鹅都是白的"这个结论便不再成立。

数学家华罗庚曾指出：从一个袋子里摸出来的第一个是红玻璃球，第二个是红玻璃球，第三个、第四个、第五个都是红玻璃球，我们立刻就会猜想："是不是袋子里所有的球都是红玻璃球？"但是，当我们有一次摸出一个白玻璃球时，这个猜想就失败了。这时，我们会出现另一个猜想："是不是袋里的东西全都是玻璃球？"当有一次摸出一个木球时，这个猜想又失败了。于是，我们又会出现第三个猜想："是不是袋里的东西都是球？"这个猜想对不对，还需继续加以检验，要把袋里的东西全部摸出来，才能见分晓。

尽管会遇到可能的挑战，但归纳的意义不可忽视。归纳是演绎的提前。

演绎：一般到个别

演绎是从一般性前提出发，通过推导得出具体陈述或个别结论的过程。如果前提是真的，得出的结论就一定是真的。最经典的莫过于亚里士多德的"三段论演绎"：

- 大前提：人都会死；
- 小前提：苏格拉底是人；

结论：苏格拉底会死。

此过程包含三个阶段：一是确定普遍原则，二是举出特殊事例，三是得出肯定结论。

任何人作弊被抓两次都该被判不及格；这是她第二次作弊被抓了；所以，她该不及格。

电流是电子向一定方向运动形成的；金属的自由电子能在电场作用下定向运动；所以，金属能导电。

某公司的人都喜欢学习；你是他们公司的人；所以，你也喜欢学习。

演绎是科学史上最常用的一种推理方式，很多学科都建立在几个公理或假设的基础上，进而由这些公理或假设推导出一套学科体系。

欧几里得是第一个将亚里士多德用三段论形式表述的演绎法用于构建实际知识体系的人，欧几里得的几何学正是一门严密的演绎体系，它从为数不多的公理出发推导出众多的定理，再用这些定理去解决实际问题。

加涅等人合著的《教学设计原理》在开篇就阐明了六个"教学设计的基本假设"，它们是：

第一，教学设计必须以帮助学习过程而不是教学过程为目。教学设计也是以有目的的学习而不是以"偶然"学习为目的的。

第二，学习是一个受许多变量影响的复杂的过程。比如，学习会受学生的毅力、允许学习的时间、教学质量、学生的能力倾向、学生的学习能力等影响。

第三，教学设计模型可以在多种水平上运用。比如，无论是一节课的计划还是三天工作坊的计划，教学设计原理对其都具有直接的价值。

第四，设计是一个反复的过程。设计者并不设计完美的教学，他们只是使教学趋于完美。

第五，教学设计本身是一个过程，由一些可识别的相关子过程组成。比如，确定目标、开发活动、设计练习、评价与反馈。

第六，不同类型的学习结果需要不同类型的教学。例如，不让学习者参与到问题解决过程中，就不可能形成问题解决技能。

演绎推导出的体系类似于"倒金字塔"，前提或假设是和地面接触的部分，如果前提或假设有问题，那推导出来的所有结果都将受到巨大质疑，甚至土崩瓦解。所以，演绎中前提或假设的正确性显得尤其重要。

教学中的启发

人类的认知是从个体到一般再由一般到个体的过程。我们的教学也一样。在 why—what—how—so 教学母流程中，why 里的常见问题、误区辨别、标杆对比、案例导入等都是"个体"，what 与 how 中关于事物的概念、原则、程序等则上升到"一般"，最后一个阶段 so 是把一般通则运用于具体的改造世界情境中，是非常"个体"的。

在知识萃取过程中，也要遵循这样的思路。我们需要对具体的、典型的个别事件进行细节描述，这种观察性或回忆性的描述在这个阶段多从具体现象着手；之后从具体的、典型的现象中找到背后的通则——那个起决定作用的看不见的源头，我们把它们提取出来，从隐性到显性，从散乱到有序，从而得到解决某问题的一般概念、要求、原则、流程；最后为了把这些一般通则更好地指导具体实践，要考虑其落地性，所以会超出原来的场景，需要发散性地扩展原来的做法，提供诸如清单、列表、注意事项等工具。

由归纳和演绎两种认知活动组成的螺旋循环圈，有这样几种形式：

- 从个别到一般，再从一般到个别；
- 从简单到复杂，再从复杂到简单；
- 从具体到通用，再从通用到具体；
- 从实践到理论，再从理论到实践；
- 从体验到知识，再从知识到体验。

刻画信息细节

什么是没用的大道理

关于"听过很多道理，依然过不好这一生"的困境，前文从学习者的角度看，是因为道理过于杂乱、不经典，自身更没有学到家。现在，对提

> 中人以上，可以语上也；中人以下，不可以语上也。(《论语·雍也》)

供道理的人来说，就需要思考：这些道理是不是太"硬"了，让学习者啃不动、咽不下？如果他们自身的水平无法分泌必要的"消化酶"（原有经验与认识策略），即使硬生生吞下去了（机械性地学习），也没法分解与吸收（有意义地学习），那么纵使这些道理营养丰富，学员也可能熟视无睹。我们都不希望有这样的后果，但这样的例子太多了。

国内知名第三方物业管理公司的龙老师开发的课题是"物业行业客

户投诉处理技巧"，本课程逻辑清晰、脚本充实，有很多从典型场景萃取而来的"干货"，是非常接近优秀的课件。

但我们仔细评审后发现了一个普遍的问题：课件呈现出的这些"干货"真的太干了。比如"处理投诉的原则"的知识点中包含的内容是"耐心细致、公平公正、实事求是、依法合理、及时、诚信、专业"。假设上课时也对这些内容依次罗列、简单复述，不到一分钟便可结束这页幻灯片。

那么，一分钟后，学员对这几个原则理解了吗？理解了多少？处理客户投诉需要"耐心"，这好理解，但"细致"又是什么意思呢？还有"公平公正"是指对不同的客户要一视同仁吗？还是我们的员工要像法官一样明察秋毫、精确判断？或者要我们与客户争辩谁对谁错？……很明显，学员的疑问非常多，如果不进一步刻画，可能导致不必要的误会。

教学肯定不能这样，不能简单呈现所谓"干货"，把这些"硬"知识丢给学员让其自行去"啃"。这也与"以学员为中心"的核心理念不符。想通过呈现高度精简的原则让学员获得新的"图式"（schema），那几乎是不可能的事情——如果可以，表明学员的起点水平已经很高，可能不必再学习本课程内的知识了。

图式是认知心理学中非常重要的概念，我们权且把初步理解"图式"当成一个"理解大道理"的例子。

认知心理学所说的图式，实质上是指一种心理结构，是人脑中已有的知识经验的网络。社会知觉的基础是被认知事物本身的属性，但认知者的主观因素也会对社会知觉的过程和结果产生重要的影响。这包括认知者的经验、认知者的动机与兴趣、认知者的情绪。其中个体过去的经验不同，对相同的对象的认知也会有不同的结果，现代社会心理学用"图式"概念来解释这一现象。进行社会知觉时，图式对新觉察到的信息会起引导、组合的作用。

以上这段话来源于"百度百科"，读完后有什么感受？理解了吗？理解得深刻吗？我相信大多人的答案是"没有"，因为这里提供的是非常"干"的货或非常"硬"的知识，不是该领域的人很难"啃"得动。下面这段文字①，试读一遍之后，看你理解的程度如何，能记住多少。

这个程序实际上很简单。首先，你把总件数分成几组。当然，如果件数不多，一次就行了……很重要的是，件数一次不能太多。就是说，每一次太多不如太少效果好。这在短时内似乎不重要，但经常不注意这一点很容易造成麻烦，而且一旦造成错误，其代价可能是昂贵的。开始时，整个程序可能看上去比较复杂，但要不了多久，它就会成为你生活的一个组成部分。

估计看这段文比看"图式"的定义更"找不着北"了。如果读这段文字前，我告诉你这是"洗衣机使用说明书"，你的理解和记忆效果会不会更好？再回读一遍试试看。实验表明，事先知晓和不知晓要读的内容是关于什么的，结果在记忆的数量、精确性、速度和把握中心内容上都有显著差异。

这就是"图式"在起作用。我们头脑中有使用洗衣机一般程序的"图式"，在读上述文字时，把文字内容和头脑中的图式结合起来，旧

---

① 选自《当代认知心理学在教学中的应用》，张庆林主编，西南师范大学出版社。

图式"同化"新信息，使我们能理解深、记忆牢。当然，在同化新信息时，图式本身也不断得以丰富、发展、改进。

可能有人会认为"把学员点燃，让学员自动自发去学习就好了，没必要大费周折地在他们的知识理解与记忆上做文章"。事实上，如果知识是"种子"，"点燃"则是非常重要的"土壤"，是"种子"生长的质量保证。"教育不是灌输，而是点燃火焰。"大家不能只看到"点燃火焰"，如果没有对大道理做进一步论述，教育就是明显的"灌输"。

从认知心理学的定义中，我们进一步认识到知识加工与保存的重要性："认知心理学是对感官接受刺激（信息）后，如何经由转化、简约化、精致化等心理运作，而获得知识、储存知识及使用知识等内在历程的科学研究。"

绕了一大圈，就是为了说明：不是大道理没用，是学员难以理解，我们需要对大道理进行"细节刻画"。（我想大家没有白走这一圈，我们进行的论证过程，是在你的思维里播下了"种子"，这下你对"细节刻画"的必要性的观念就被强化了。）

细节刻画着眼的两个方面

学习内容（即我们在脚本层里撰写出来的脚本）通常以两种方式呈现：一般与个别。在这里，我们把知识、内容称为"信息"，所以这类一般性学习内容叫"一般信息"。尽管"信息"一词有多种含义，但在这里，它用于描述某些事实、定义、概念、组成、特征、原则、策略、步骤、条件或后果等时，是高度提炼的、具有普遍适用性的。我们在"写脚本"的任务里大多撰写的就是这类信息。个别性的学习内容是对"一般信息"进行细节刻画而产生的，它们可能是具体例证、个别情境、生动描述、影音媒体或某个快速体验活动等。**"细节刻画"本身是动词，强调刻画的出发与过程，有时候我们也会当名词使用，指代刻画的手段与结果。**

为了让大家有亲身体验，请阅读下面这一排数字（它们属于"一般信息"）后回忆：

1 1 9 4 9 2 1 9 7 8 3 1 9 9 7 4 1 9 9 9 5 2 0 1 7

你会发现，很难记。这类一般信息如果没有进行编码或找到对应的含义，会非常难记。接下来，我们对数字本身进行细节刻画，改成下面的样子后，是不是比前一个好记一些了：

① 1 9 4 9 ② 1 9 7 8 ③ 1 9 9 7 ④ 1 9 9 9 ⑤ 2 0 1 7

我们再继续进行细节刻画，这次提醒你这些数字背后的特殊意义：

① 1949年中华人民共和国成立；

② 1978年改革开放；

③ 1997年香港回归；

④ 1999年澳门回归；

⑤ 2017年十九大召开。

我想，就算过一天再来回忆，估计你也能回忆起来，甚至你可以倒背如流。这就是细节刻画的功劳。

由这个体验，我们知道对于难以记忆或理解的一般信息，需要进行细节刻画，有两个着眼的点：一是对一般信息本身呈现进行编码，二是为促进一般信息理解提供支架。往往重点在第二个。

在广告界、传媒界、网页设计界、管理界，流传着一个被普遍认同的原则——KISS原则，英文是keep it simple & stupid，意思是让信息或事件简单直接些、傻瓜易懂些，弄得过于复杂或深奥不好。这个原则也完美对应了我们细节刻画的两个方面：对一般信息的呈现进行的编码是为了让它显得 simple，对感官友好，看起来精致优雅，读起来朗朗上口；为一般信息的理解提供支架是为了让信息在理解上更 stupid，不必苦心摸索，盲目探究，从而导致误会。

如果再仔细观察，我们会发现 KISS 原则中 simple 与 stupid 完美对应本书的使命：复杂的教学系统简单化，深奥的设计原理工具化。

对一般信息编码的"三化"策略

正如中国书法，内容不变，但精致优雅的外表总能给人留下深刻印象。对一般信息的编码不涉及改变信息的内涵，只是让它更好地呈现，易被接受，利于传播。以下是三种常见的策略。

策略一：精简化

把一般信息由长变短地浓缩是最常见的精简化。对于讲师课件，现场总会有老师对课件进行讲解、展开、论述等。如果课件上是满满的文本内容，老师只在旁边对其简单复述，从学员接收信息的角度看，这样会遇到冲突：我是听老师讲还是自己读？一般来说，同样的内容自己读会比听老师讲快得多，这样剩下的时间只能分神或刷微信了。

> 应该以音频或者文本的形式呈现信息，不要同时使用两种媒体。（梅里尔《首要教学原理》）

回忆大学时代，老师给我们讲课的课件几乎都是满屏的文字内容，大多数内容都教材上直接搬运而来。我记得我的大学老师在西方管理思想史课堂上讲到麦克格雷的 X 理论与 Y 理论时，也是满屏文字内容，比如：

X理论认为：人们不喜欢工作，而且会尽可能逃避工作；人们缺乏责任感，没有进取心，只想图安稳；大多数人只有在受到强迫、控制时才会工作。根据这些假定，管理人员应该扮演强迫和控制员工的角色。

Y理论认为：工作如同娱乐和休息一样自然；人们并非天生懒惰，如果他们变得懒惰，那也是经历所致；人们在他们认同的组织中工作将会自觉自律；人是有潜力的，在适宜的条件下，他们将会接受并寻求责任，他们还拥有可以用于工作的想象力、天才和创造性。根据这些假定，管理人员的职责应该是开发员工的潜能并帮助他们将其运用于共同目标。

上面这些文字共存于一页幻灯片时，将会非常拥挤，也不利于老师与学员集中注意力及互动。大学毕业后，我给余世维老师做助教时，发现他的课程"经理人常犯的11个错误"也涉及X理论与Y理论的内容，还包含Z理论，但他的信息是精简整理过的。如图5-5所示。

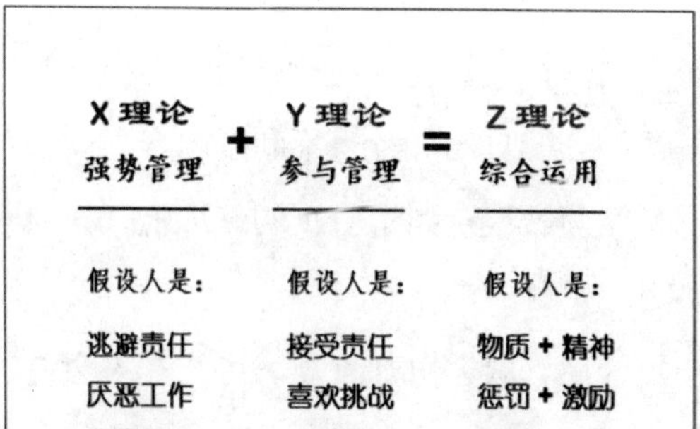

图5-5 "经理人常犯的11个错误"中涉及的X理论与Y理论的内容

这样精简后，干净清爽，一目了然。

信息的精简化，不只是从单个页面着手，也需要审视多个页面中哪些内容是重复多余、不利于传播的，然后考虑精简、整合。

在前文的开场导入设计部分，我们引用过"写好转发类通知标题的'万能公式'"作为案例。这里我们引用其正文内容里第一个模块"多层级转发通知标题拟定的常见错误"为例。

田老师设计了这样的情境：同一通知先由 A 企业转发给下级的 B 企业，B 企业再转发给下级的 C 企业，C 企业再转发给下级的 D 企业。三种情境说明层层转发后，标题拟定难度越来越大，错误也越来越多。三种情境对应三页幻灯片，如图5-6所示。

图5-6　通知层层转发情境的三种幻灯片

后来，在辅导之下，我们发现这三种情境其实同属一类，它们的逻辑与内容基本一致，分三页幻灯片也不利于内容之间的对比，可以合并成一个大的。于是精简后集合到了一页幻灯片上，其中四个企业的上下级关系以图示说明。如图5-7所示。

这样精简与集合后，内容更加直观。可能有人会说，集合后的这一页内容变得更多了。这个好解决，用"动画"功能，讲到哪里，就让哪里的信息同步出现即可。

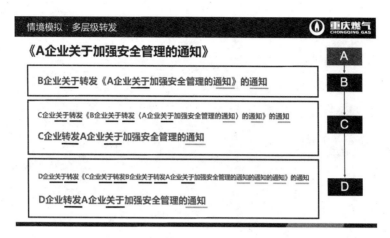

图5-7　层层转发通知内容的精简合并页

策略二: 结构化

信息经过精简后, 要考虑它们的组织方式、摆放位置, 以及与其他部分的关系等要素, 这就是信息的结构化, 它强调的是内容要素间的逻辑关系。

上述两个例子其实已经包含了结构化:

X 理论 +Y 理论 =Z 理论;

A 企业→ B 企业→ C 企业→ D 企业。

最方便、最快速的信息结构化方式是借助 Officc 里的 SmartArt 功能。如图5-8所示。

在使用时要注意信息之间的关系, 比如, 没有先后顺序的就不要用"进程"关系, 最后一步不会回到第一步的就不要用"循环"关系, 各内容间没有交集的就不要用三个交叉的圈。内容上的逻辑与形式上的逻辑不符合是在使用这些图形时最常见的错误。

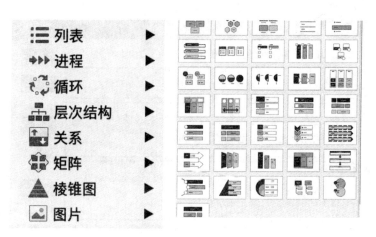

图5-8 SmartArt 信息结构化方式

信息的"结构化"有时候也叫"模型化",这种方法不仅在呈现课程具体内容上适用,在呈现课程模块间的关系时也是可行的。比如,经典课程"高效能人士的七个习惯"就用了这样的模型,如图5-9所示。

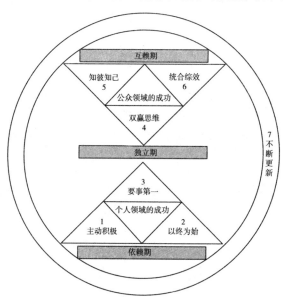

图5-9 "高效能人士的七个习惯"的结构化模型

直观上看，此模型包含的信息至少有，人的成长经历依赖期、独立期、互赖期三个阶段；七个习惯中第一个至第三个习惯关注的是个人领域的成功，第四个至第六个习惯关注的是公众领域的成功；人需要不断更新知识，这七个习惯是三个阶段成长进化及在个人与公众领域成功的基础保障。

"一图胜千言"说的也是这个道理，结构或模型所构成的"图"包含了很多信息。这个时候我们再看"敏课开发5S模型"，对该模型的理解就会更深刻。

世间万事万物都有其特定的结构，任何知识都不是孤立的，只要掌握了其结构与原理，就能掌握其本身。认真读完本书，有助于大家日后对此领域的外部信息的分解，并找到思维结构中的"固着点"。这也是本书最大的目的与特点：**以结构化的内容编排，手把手教你用结构化的方法，一步一步开发出结构化的课程，并试图帮你打通在此领域结构化思维的任督二脉。**

就一般信息本身内容的精致呈现来说，结构化、模型化、形象化、可视化等词语可以视为等同意思。当加上带有具体场景的实物图，则已经超出了抽象化的一般信息本身，是对促进一般信息的理解而搭建的"支架"，是另一种方式的细节刻画，我们将在稍后阐述。

策略三：口诀化

口诀化可以让一般信息变得更简练。我们的一般思路是将每条信息提取关键词或关键字，组成朗朗上口的新词或新句，通过记忆新词，牵动对应词条，从而能把群集要点"连根拔起"，达到以小博大、以少领多的目的。无论在标题、正文内容，还是回顾总结中，这种情况都大量存在。中文和英文都可以口诀化，有时候还会配合数字。

前面提到课程"职场心态的五大'杀手'"是，一是付出与回报应该成正比；二是无底线，取悦每个人；三是害怕落后，嫉妒他人；四是停在舒适区，不愿改变；五是有一颗玻璃心。口诀化的提炼后是五个字：歪、假、嫉、躲、碎。

新大正物业内训师开发出的关于岗位值班内容，经过精简化提炼后，包含五个关键：一是着装规范，精神饱满；二是服从命令，听从指挥；三是人员盘查，物品登记；四是人车引导，有序停放；五是突发事件，及时上报。口诀化提炼后就成了——岗位值班五字诀：范、从、查、引、报。（你可以想象成一犯罪嫌疑人很服从值班人员的盘查，但在盘查时他引爆了绑在身上的炸弹。）

人们上台进行正式讲话时，如何快速建立良好的第一印象？有很多方法与策略。而国内知名培训师段烨老师仅用三个字便总结了要领：稳、大、慢。稳，站稳了再说话，不要随便走动或摇摆，要给人以稳重感；大，言行举止落落大方，动作幅度也可以大些，不要显得小家子气；慢，让语速慢下来，如果要走动也要慢慢走。

以打油诗的方式组织一般信息也算是口诀化。

这里要注意，让文字对仗有时候能起到朗朗上口的效果，但大面积刻意对仗，会让太多信息的视觉差异变小，反而不利于记忆。

口诀化的思想其实是精简化，可以说口诀化是对精简化后的信息再精简化。凡事要权衡有度，精简不当或过度精简会影响理解，增加认知负担，与初衷背道而驰。

促进一般信息理解的七种"支架"

对于一般信息的细节刻画，我们提供了精简化、结构化、口诀化三种策略，这三种策略可以看作对一般信息本身呈现所做的"减法"，让它们看起来更精致，更便于传播。而在上课过程中，为了促进学员更好地理解这些精致的一般信息，我们要做"加法"，但不是简单地"加"内容，而是给它们搭"支架"，以便学员更好地理解、消化和吸收。这里的一般信息指的是课程的知识点，是具有指导意义的"干货"。

正如建筑工人完成高空作业时需要搭脚手架一样，我们也要为学员理解某些高难度的内容提供"支架"。根据不同的能力水平和工作习惯，不同工人在搭脚手架时有不同的搭法。在培训领域，一些职业培训师的"支架"只在授课时以"口头表述"的形式呈现，而讲师版课件内容都是一般信息，这种做法最大化地保护了自己的知识版权。但对企业来说，它希望内训师萃取的内容是可复制的，包括可复制的教学模式——同一个课程，同一个课件，不同的老师讲给不同的学员听，效果应该保持一定的稳定性。所以，在开发企业内训课程时，我们就有必要把重要"支架"显性包含于课件中。

华为在这方面是很好的榜样，他们的课件内容丰富，为了把知识点说清楚，提供了大量细节刻画。这样的课件可复制性很强。一个课题由一个开发小组开发，选择本课题中有经验的多位管理者实施，在实施前对他们进行训练，最大化地保证课程的统一性。

以下是七种促进一般信息理解的"支架"，这些"支架"要么我自己用过，要么见别人用过，汇总于此（见图5-10），目的是为大家提供一种发散性思考框架，当要解决问题时，在框架下寻找适合的支架或支架组合即可。

图5-10　促进一般信息理解的七种"支架"

支架1：举例说明

这是最常用也最实用的一种支架。老师在呈现了一般信息后，学员理解得不到位，老师就要通过举例子的方式进一步阐述此信息，以便让学员获得更多关于信息在具体情境中的运用细节。对于与概念理解相关的一般信息，老师往往需要给出对应的实例（正面的或负面的）。

在与沟通相关的课程中，往往绕不开类似于"什么是有效沟通"的概念澄清。笔者对于这个概念的定义喜欢引用张正顺老师（三星中国总部原培训总监、中层管理技能提升训练专家）课堂上的定义："为了设定的目的，在恰当的时间、适宜的地点，用得体的方式传递信息，表达思想和感情，并让别人理解，以达成共识的过程。"

虽然我们时时在沟通，但对这个很正式的定义所包含的元素，学员不一定能很好地理解，需要举出包含这些元素的沟通场景（实例）。 一般在这时，我会让学员观看一段两分半时长的视频——电视剧《媳妇的美好时代》第一集里的一个小片段：男主人公余味第三次与女主人公毛豆豆见面时，请求她冒充自己的女朋友并拍张合影。要知道，他们两人此时并不熟，而且之前的两次见面均不欢而散。这种棘手的难题最能考验一个人的沟通艺术。看视频的时候，我就让学员思考，针对这一沟通片段，男主人公的目的是什么，他是什么时间、在哪里提出的，他以怎样得体的方式传递请求信息，表达了什么样的思想与感情等问题。分析完视频，再回来看"有效沟通"的定义，就能很好理解了。

与规则应用相关的一般信息则需要在具体情境中应用。在很多与战略、营销、管理、职业发展等相关的课题中，经常包含一个几乎人人知晓的工具——SWOT分析。就算是第一次听到这个工具的人，经过简单说明后似乎也很快就能"懂"了。那是不是老师就不用讲了呢？这要由此工具在课程中的地位大小来定。面对这种学员司空见惯、耳熟能详的工具，如果对课程中的问题解决起很大作用，那么就不要泛泛带过——有太多经典的东西就是这样被忽略的。

在我的课程中，一般在讲解完SWOT分析维度及矩阵图后，我会提供一个具体情境——35岁刘先生的自我婚恋分析，以说明此工具在应用时候的注意事项。如图5-11所示。

通过具体应用分析，学员就会对此工具有更直观的理解，为下一步解决相关问题打下了基础。

对于一些经典知识，很多人因司空见惯而觉得掌握了其精髓，实际上，大部分人只是知道此知识的"浓缩叫法"而已，对于其所包含的要素与规则并不理解，更不必说用于解决问题了。**知道是什么与知道怎么做是有很大差距的。**

> 知识的敌人不是无知，而是已经掌握知识的幻觉。（斯蒂芬·霍金）

举例说明这种支架应用的范围非常广，以至于我们下面要讲的其他一些支架（找信任状、媒体辅助、近似类比、差异比较）都可以说是它的一种特殊变化形式。

SWOT Analysis——了解你自己

	Strength 优势	Weakness 劣势
Opportunity 机会	发挥优势 利用机会	利用机会 克服弱势
Threat 威胁	利用优势 回避威胁	减少弱势 回避威胁

实例：刘先生的婚恋 SWOT 分析

优势
- 高学历，电脑公司中级主管
- 无负债，收入稳定，房租收入
- 有房屋、汽车、股票投资
- 一人独居，爱干净，整理家务一级棒
- 爱读书，求知欲强，喜欢分享知识
- IQ、EQ 高，逻辑分析强
- 有同情心

劣势
- 年纪稍微
- 有可能被认为有什么缺陷
- 不太懂得体贴
- 一不太会献殷勤讨女孩子喜欢
- 不能忍受情绪化、不会思考、依赖性强的女孩
- 对婚姻问题考虑太多
- 妈妈有点不好应付

机会
- 28—35 岁的女孩也很迫切解决婚姻问题
- 单位正在招收一批新员工
- 有同事、朋友和生意上的伙伴已经答应帮忙介绍

威胁
- 同年龄段的女孩似乎基本都已为人妻，余下的似乎要求都比较高
- 低年龄段的女孩似乎有代沟，合适的似乎不太好找
- 有当前社会男女比较进一步失调，越来越多的男性加入这个僧多粥少的战场中来
- 一全球化国人和海归也陆续进入这一市场，引发更加激烈的竞争
- 爱有可能导致不能结婚

图 5-11　刘先生的自我婚恋 SWOT 分析

支架 2：找信任状

在讲课中，如果我们只呈现一般信息，学员会说："老师，这个我不太理解。"于是我们通过举例说明的方式给出具体实例或应用分析，学员往往就能理解一般信息的内涵了。但有可能新的疑问又来了："老师，这可行吗？"

此时，我们不能强迫学员立马能认同我们的观点和应用方法，我们需要找到证据证明所讲的内容是值得信任的。这就是找信任状支架，也就是在观点、主张、态度等一般信息之后解释其如此的理由。

罗辑思维创始人罗振宇在一个演讲节目《@所有人》中，有一段这样的演讲：

前阵子李笑来和我一起吃了个饭，因为他知道我一年前生了一对女儿，所以他告诉我："你将来一定不要给你的女儿养宠物，但是一定要给她养植物！"

"什么意思？"

"道理很简单，你给她养一只宠物，比如说小狗，小狗给她的所有反馈都是即时的。比如，逗它一下，它马上冲人摇尾巴，然后会迅速找人要食物、要关怀。这会让孩子陷入和这只宠物的快速互动中，时光就这么过去了。而养植物不一样，每天浇水施肥，变化是不容易看到的，她必须培养自己的耐性，看着它生根、发芽、开枝、散叶。

"你的孩子在养植物时，她会自己给这件事创造意义，而不是由小狗给她输送意义。"

其实，摆在这一代人面前的，就是这样的两条路：大概98%的人会甘于像李老师说的那样选择混吃等死；还有一部分人，大概2%的人会选择像种一棵植物一样，主动创造自己的意义。就这么简单。

这段演讲包含了两个找信任状的支架：一是罗振宇用与李笑来的话为自己后面关于"两条路"的观点做信任状，二是李笑来用反馈的即时性与否对孩子耐性培养的影响来为让孩子养植物而不养动物的观点做信任状。这里的论证方式非常巧妙，但在论据的选择上信任状不足，引发大量网友的不赞同——尤其是关于孩子教育方面的观点。

我们经常听到的人力资源测评，很多咨询师都会实施，也有大量题目用来论证。但人们之所以选择测评，所关心的不是会做、能做、能分析的层面，人们最关心的往往是测评的可靠性与有效性，即信效度。找信任状，实质上是为目前不太被信任的观点找到能证明它可靠或学员认为它可靠的论据。通常这些论据来源于权威观点、经典理论、意见领袖的话、公司内核心领导的话、公司规章制度、被验证的事实、调研及大数据统计等。

苹果公司为了证明最新出品的 iMac Pro 的强大性能，以及其针对大型创作软件进行了特别的优化，在产品介绍时使用了一组数据对比，为其做信任状。如图 5-12 所示。

图 5-12　苹果公司关于产品性能的数据对比

用基于事实的统计数据、调研结果来为观点找信任状是普遍做法，一般会加上数据来源，方便显示数据的客观性或真实性，以增强信任。

需要注意的是，无论怎么证明自己的观点，都需要在普适价值观的约束下进行。

支架3：媒体辅助

媒体指的是除常规文本外的其他辅助物，如图形、图片、图示、视频、音频等，最常见的是图片与视频。这种支架在生活中到处可以见到。

有一次，我感冒了，在家翻找药品，找到了一盒日本产的感冒药，说明书是用日文写的（见图 5-13）。我发现这份药物使用说明书最为难得的是，在使用的一些关键细节上，它用图示进行说明：说明书的最上部分是不同年龄对应使用的药物量，中间部分用三个人的症状表现图进一步刻画了本药功能主治咳嗽、发热、流鼻涕。这两个最关键的信息都以图表示，清晰明了，即使完全不懂日文的人也不会混淆。

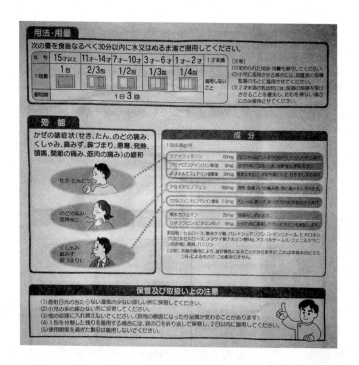

图5-13　日本某药品说明书

常听人说"字不如图",就强调了用图片辅助的重要性。

使用图片辅助需要注意的是,如果一般信息已经很清晰明了,辅助理解的图片就会显得画蛇添足。这时候如果要配图,更多以强化感觉、烘托氛围为目的。如图5-14是宜家宣传册里的内容,这里的重点词是"餐厅",不用加图片我们也理解是什么意思。这里的图片不是辅助我们对"餐厅"的理解,而是强化感觉、烘托氛围、提升情绪,这样信息传播就更有感染力了。

图5-14　宜家宣传册的用图

如果遇到连贯性动作操作相关的内容，比图片更能直观辅助的是视频。

重庆高速公路集团的吴东老师在开发"内务整理规范"课程时，用了大量图片说明，如图5-15所示的"豆腐块"被子快速折叠的操作方法示范。为了更直观示范，他还录制了不少亲自操作的示范视频。

图5-15　"豆腐块"被子快速折叠的操作方法示范

在我们的课程中，媒体辅助支架的使用率很高。需要强调的是，我们平时要多用接地气的辅助媒体，少用那些看上去高大上却让学员无感的辅助媒体。比如"商务礼仪"这门课程里所用的辅助图片，成都极客数学帮的老师们没有在网上找那些通用的与学员有疏离感的图片，而是找被培训企业里的典型人物出镜，自己拍摄。虽然这样的图片在美感上不如网络图片，但当学员看到与自己相关的辅助媒体时，会更有代入感和参与感。

支架4：近似类比

据说，有个不懂物理学的人问爱因斯坦："相对论到底是什么？"爱因斯坦回答："你坐在美女身边一小时，感觉就像一分钟；而夏天你在火炉旁坐上一分钟，感觉就像一小时，这就是相对论！"

爱因斯坦在这里使用的讲解方法就是近似类比。当讲解的某个观点（一般信息）难以被学员理解时，我们可以找一个学员能理解的事物进行类比，以便让这个观点更通俗易懂。实际上，这是一个通过激活旧知以示证新知的过程。

比如，我们在情境层讲到PPT母版的功能时，借助了"外婆""姨妈""孩子"进行了类比，还用了"装置""桥梁""支架"等对一些概念进行了类比甚至替代。

人们常说的"比喻""打比方"，其本质就是近似类比，用容易理解的事物促进人们对难理解的事物的理解。我们经常听到很多故事，即使知道它们是编造的，但如果它们能成为你的某种观点的支架，也可以用这些"故事"进行近似类比。

支架5：差异比较

现在很多淘宝店家在介绍自家的产品时，都极力标榜自己产品的与众不同。其呈现方式就是，在多个维度上把自己产品的特点与竞品对比，以说明自己的产品更出色。

这样的方法非常常见，通常与图片或表格一起使用。本书就多处用了这种差异比较支架，比如，对概念性教学目标与表现性教学目标的对比、课程模块结构的三种方法的对比、金字塔形状结构图与经典二维矩阵表（图）优缺点的对比、银行顾客服务流程中应该做的与不应该做的行为对比等。

支架6：汇入框架

大家应该都有这样的体验：如果学习的内容是孤立的，我们就很难理解该知识；如果我们清楚正在讲的知识点在更大的体系中处在哪个位置，清楚各知识点之间的逻辑关系，我们就能把新的知识汇入已有知识体系中去理解，正如我们查看地图时要了解所在位置的前后左右一样。其实这就是汇入框架支架的逻辑所在。

我曾为重庆燃气集团的基层青年干部讲授过"逻辑思维与商务表达"课程。这个课程是根据客户领导提出的需求针对性地开发的，目的是让集团的基层青年干部对逻辑思维有一些基本的了解，主要内容则是提供金字塔原理的方法论，并将其运用在商务表达里。

在讲授这门课程时，我要把金字塔原理汇入整个逻辑思维体系的大框架里，并澄清一些概念间的关系。对此，我是这么汇入框架的："逻辑思维整体上讲可以分形式逻辑与非形式逻辑，形式逻辑以数学符号的形式对逻辑思维进行研究；非形式逻辑又叫批判性思维，它主要包含谬误理论与推论理论，比如'上帝是万能的，可以造出大到他搬不动的石头'这样的命题是谬误理论研究的，而我们今天要讲的'金字塔原理'

则是推论理论下的一种典型实用工具。"在解说的同时，配以板书。结果，学员的反响非常好。

支架7：即时体验

即时体验是一种小型体验活动，与大的体验活动比起来，它强调即时性，更多的是思维层面而非体力层面的体验。在课程中，即时体验会给学员提供一种小挑战，挑战前后的对比明显，能对挑战内容的重要性与必要性起到进一步强调的作用。

在前文中，为了让大家对"图式"有初步理解，我用"洗衣机使用程序说明书"让大家进行即时体验；为了强调要细节刻画及其两个方面，我提供了一串数字让大家记忆。这些都是即时体验支架的具体表现。

我曾从事过青少年记忆力提升方面的培训。在强调"分类记忆"的主题中，我会先要求学员在一分钟内记住21个无序且看似联系不大的词语。一分钟后，学员能记住的词语较少，且记忆具有不稳定性；之后我用分类的方式将这些词语进行分类，再让他们记忆，他们记住的词语在数量和稳定性上都增加了很多。

在强调"联想记忆"的时候，我让学员尝试记住圆周率小数点后100位数字。在没有教授学员记忆方法时，学员顶多只能记住十几位数字；紧接着我现场演示，背诵、正背、倒背、抽背都没有问题。学员惊呆了，接下来的时间就是最后的"教学时刻"。

孔子在《论语·述而》中说道："不愤不启，不悱不发。"意思是："不到学生努力想弄明白但仍然想不透的程度时，先不要去开导他；不到学生心里明白却又不能完善表达出来的程度时，也不要去启发他。"

这是强调"教学时刻"的重要性。从教学设计的角度讲，老师要设计某种"装置"或即时体验，以提高学员的求知欲。

支架使用原则：连接学员兴趣

以上我们提供了七种常见的支架用于学员对一般信息的理解。这里要注意的是，只有在学员不理解或理解不够时我们才提供支架，所以这些支架经常用于重点、难点或关键点方面的知识理解上。有时候一个知识点会用到一个支架，有时候会用到多个支架（有些支架还相互交叉）。无论用哪个支架，都要让学员对此有兴趣，要与他们的见闻或经历相关，同时难度不要太大，不要让他们有新的认知负担，否则就得不偿失了。如果举例子，可用某个学员熟知的人，或者现场找某位代表当例子中的主人公；如果用图片或视频，少到网上下载，多自己拍摄制作，学员看到自己熟悉的工作场景，代入感会更强。

人们对电视里"高大上"的各类晚会节目的兴趣已经大不如前，而在部门的某次拓展训练晚会上却玩得不亦乐乎。这就是参与感的力量。

延伸：细节刻画的哲学思考

当被女朋友问"你喜不喜欢我"的问题时，如果你回答"喜欢/当然喜欢/没有不喜欢"时，她一定不满意。你得进行细节刻画，如："两年前的一天，我感冒发烧，什么都吃不下。晚上你下班回来，赶忙为我煮皮蛋瘦肉粥。当你把粥端到我面前，看着一天没吃东西的我心疼得眼泪快掉下来时，外面灯火阑珊，柔和的灯光洒在你的脸上，恍惚中我仿佛看到了天使，美极了。那时我便默默对自己说：'这么好的姑娘，我要用一辈子去爱她疼她。'"

正如宏观与微观、抽象与具体、整体与局部这些概念的相对性一样，一般信息与细节刻画也是相对的，它们并没有严格的区分界线，对于不同内容及不同学员，需要细节刻画的必要性及细节刻画的深度也是不一样的。并且，刻画的时候所包含的信息也要精致化。

细节刻画不仅仅存在于课程当中，凡是需要交流、写作、表达、演讲等信息传递的地方，都需要细节刻画。

当你讲一句话，别人不明白或你觉得别人可能会误会时，你立即做出的补充，就是细节刻画。

当你写文章时，文章中会有一级标题、二级标题、三级标题……以及正文，它们之间就是不断深化的细节刻画。

当你要准备工作汇报的幻灯片时，每个模块下的幻灯片内容都是对此模块观点的细节刻画。而每页幻灯片的版式里，标题是一个观点，剩下的内容是对标题的细节刻画。所以，麦肯锡咨询的顾问把报告交给客户时，会自信地说："如果你有时间，把我们的每一页幻灯片都看完；如果你没时间，只看每一页幻灯片的标题就够了，看不明白了再看内容。"

在产品设计中，除主要功能外的感受都可以叫用户体验，而用户体验体现在细节里。

当你调整电脑屏幕的角度时所感受到的均匀阻力；

当你对微信上一篇文章点击"收藏"时，收藏成功后会出现"收藏成功"的提示语，并很快消失；

当你把选中的物品放入"购物车"时，会出现一个快速动画，画出一道优美的弧度，把你选中的物品缩略图链接到购物车里；

当你仅仅想看时间或者想知道有没有错过什么信息时，只需抬起你的 iPhone，屏幕就会亮，过一会儿又自动熄灭；

当你在 iPad 上看书需要翻下一页时，听到的翻书声；

这些都是超出产品本身的功能形态，它们从用户感受出发，就是细节刻画，设计人员要足够敏感才能捕捉到这些细节。

在产品包装、广告宣传上，概括信息与细节信息主要通过字体、字号、颜色、位置、顺序、间距、图版率等方式进行区分。

细节刻画不只是一种课程内容准备的思路，更是信息传递的哲学思考。

如果仅静态呈现一般信息不算教学——正如网上大量的学习材料只是对学科内容或教科书的翻版，那么教学过程便是不断重复与强化的细节刻画过程。它不是静态的信息呈现，而是通过动态的教学活动来表达的，这正是策略层里要阐述的内容。

第六章

策 略 层

情境层
Situation

结构层
Structure

脚本层
Script

策略层
Strategy

表现层
Surface

● 关键任务 ●

设计老师"讲"的策略
设计学员"做"的策略
设计氛围"燃"的策略

到此为止，经过前三层的努力，我们基本完成了对课程开发信息的分析、规划和填充。仅仅如此并不算教学，也不算课程，我们还需要精心设计教学策略——更进一步说，是知识如何有效地传播到学员那里，并让学员更快地理解与掌握的教学传输策略。

我们可以把教学策略分为最基础的两种：一是老师"讲"的策略，二是学员"做"的策略。正如"教"和"学"在课堂上不能完全分开一样，这两种策略在具体运用时也存在很多交集，其划分以老师"讲"和学员"做"哪个占比较大为依据。

具体到什么时候用"讲"的策略，什么时候用"做"的策略，这与教学目标直接相关。按布鲁姆的教学目标分类标准，人的认知从低到高分成六个层次，即记忆、理解、运用、分析、评价和创造。当教学目标是只需学员对内容记忆或理解时，可重点用老师"讲"的策略；当教学目标是聚焦学员对学习内容的运用、分析、评价或创造时，则需要重点用学员"做"的策略。

无论是老师"讲"的策略还是学员"做"的策略，都是从信息传递与互动的角度出发的。如果从学习效果出发，还有一个对学习效果影响非常大的变量——学习氛围。它类似于"土壤"，能为学员的学习甚至为老师的状态提供源源不断的养分，它多数时候存在于人与人之间的场域互动中，难以被发现，却发挥着巨大作用。

如果老师能把学员的学习积极性都充分调动起来，那么学员就能把自己"卷入"学习中，即使在教学过程中发现老师对该领域的知识储备不那么丰富，他们也能主动克服各种外在不足，自觉通过其他途径进行弥补，使教学活动能够顺利进行。相反，如果教学现场死气沉沉，学员在讨论时不愿意接受任务，只是应付交差，导致参与感和投入感不强，是不可能实现深度学习的。

所以，作为课程开发人员，我们需要充分重视学习氛围的营造，这和那两类信息传递的基本策略一样重要。我们把这类为"土壤"施肥的策略称为氛围"燃"的策略（有时候也叫第三类策略）。这三类策略的关系如图6-1所示。

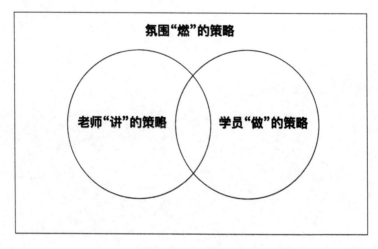

图6-1　课程策划阶段涉及的三类策略的关系图

接下来我们要在课程中设计这三类策略。其中，老师"讲"的策略在脚本层中已经拥有了基本材料，这里只需要稍做变动即可；而氛围"燃"的策略有时候当作辅助，且其某些做法我们在其他地方也有提及；所以，我们将本章的重点放在学员"做"的策略上。这区别于传统讲授式的策略，是高水平的教学策略，也体现了以学员为中心的培训思想。

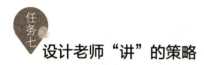

设计老师"讲"的策略

老师"讲"的策略流程：PDC

老师"讲"的策略是最常见的教学策略。从小学到大学、从国内到国外、从电视讲座到企业培训，这种教学策略都大量存在着，它可以在有限时间内包含更多信息。有时候说的"传统教学"指的就是以老师讲授为主的教学方式。这种策略无论在哪一种具体形式下，都可以包含三个步骤，即呈现（present）、示证（demonstrate）、检查（check），简称PDC。如图6-2所示。

图6-2　老师"讲"的策略流程

无论哪个步骤，都是以老师为主导者，这就对老师的个人魅力、信息准备度和信息组织度要求很高。

其实，我们在脚本层里重点阐述的就是前两个步骤的内容。呈现的新知是一般信息，对新知做示证是细节刻画，为了更好地刻画细节，我们还提供了七种常见的支架。最后一个步骤是检查学员对一般信息的记忆与理解情况（不是检查细节刻画的内容）。

这里为了强调老师的主导性，这三个步骤的描述都从老师的角度出发。当用老师"讲"的策略时，所要执行的三个步骤的具体内容及其注意事项如下。

呈现

按顺序依次呈现知识点，可能是事实、概念、原则、流程等。

示证

对知识点中的重点、难点、关键点进一步阐述，可用一种或多种支架：举例说明、找信任状、媒体辅助、近似类比、差异比较、汇入框架、即时体验等。

检查

对知识点的查漏补缺，可通过复述（再认、回忆）的方式再一次强化知识点，但一般着重在对知识点的理解（解释、举例、分类、概要、推论、比较、说明）上。

常用的题目形式有单项选择题、多项选择题、对错判断题、填空题、连线题、归类题、问答题等。

学员回答的方式有随机抽样指定某个人回答、小组各派代表回答、小组简单讨论后提交答案、竞赛抢答、相互 PK 等。

必要的时候，单个知识点结束后立即进行检查，也可以在某个小单元结束再统一检查。某课时结束前、某次培训结束前的总结回顾也是一种检查。

在呈现新知前的检查是了解学员已有知识或技能水平的前测，不能取代这里的检查（后测）。

老师"讲"的策略举例

例1："有效沟通"的定义

前文我们曾用过"有效沟通"的定义这个知识点，现在我们从教学策略的角度来看具体的教学流程。

呈现

讲解"有效沟通"的定义，并呈现在幻灯片上。"所谓有效沟通，就是为了设定的目的，在恰当的时间、适宜的地点，用得体的方式传递信息，表达思想和感情，并让别人理解，以达成共识的过程。"

示证

针对学员对此定义不太理解的地方进行细节刻画。比如，如前文所述，让学员观看电视剧《媳妇的美好时代》第一集里的片段，并带领学员分析视频中男主人公是如何通过"有效沟通"达到"追女朋友"的目的的。

检查

经过前面两个步骤后，我们再回来看"有效沟通"的定义，这次重点是让学员一起填充关键词，以便让学员能够对这个定义内容进行直接层面的回忆；之后再给出一系列场景，让学员识别哪些是"一般沟通"，哪些是"有效沟通"。

例2：图文混排的建议

这个例子来自我给重庆来福士广场的开发方"凯德置地"的经理人分享幻灯片设计高级技术课程"设计感：PPT版式设计魔力工具箱"。

呈现

讲解"高大上"图文混排的四个建议，并呈现在幻灯片上，其要点是，图片质量一定要高清，文字所在区域可大量留白，所有内容务必考虑对齐，善用网格让图片灵动起来。

示证

学员对公司原来的幻灯片及其风格都非常熟悉，于是我找了其中一张有代表性的图文混排版式进行了修改，并做出多个不同的效果。如图6-3所示。

图6-3　同一幻灯片的不同图文混排效果

在呈现这些作品的最终效果时，都配合上一步骤所提到的四个建议在版式上的应用进行讲解。

检查

分析完这些作品后，我们再回来强调图文混排呈现四个建议，并找学员复述，同时让学员说出他们的理解，并举例。

例3：DISC 图谱 [①]

在这个案例里，我们的目标是理解 DISC 图谱。如图6-4所示。其中先经过较长时间的呈现与示证，才进行收获的检查。

图6-4　DISC 图谱

呈现

呈现 DISC 的模型图，它是由情感线与思维线相互交叉而形成的四个象限，分别用 D、I、S、C 表示，每个象限有不同的特征。

示证

从 D 开始，依次到 I、S、C，分别对四个象限中四种不同类型的性格进行阐述，主要包括典型特征、行为倾向、思维模式、代表人物、遇事后的不同表现等，然后各用一个字及一个符号代表每种性格。

---

① 此图谱来源于段烨老师的书《看不懂人，怎么带团队》。

检查

检查1：《西游记》里师徒四人的性格辨别。

检查2：将下列词语归类到不同象限里——保持距离、直接表达、心直口快、感知风险、成熟稳重、活泼外向、目标明确、与世无争、友好善良、追求完美、温和委婉、掌控欲强、行动快速、严肃理性、善于结交、表情丰富、待人热情、多愁善变、渴望关怀、注重细节、牺牲自我、结果导向、回避冲突、独立性强。

例4：情境领导的四种方式

情境领导由行为学家保罗·赫塞（Paul Hersey）博士提出，他认为领导者应随组织环境及个体变换而改变领导风格及管理方式，并从准备度出发，把员工分成四大类：

准备度1（R1）：没能力，没意愿或不安；

准备度2（R2）：没能力，有意愿或自信；

准备度3（R3）：有能力，没意愿或不安；

准备度4（R4）：有能力，有意愿并自信。

领导者通过工作行为和关系行为影响员工，表现出不同的领导风格，简化为四种，分别是：指令、教练、支持和授权。

在此案例中，我们重点阐述老师"讲"的策略流程的第三步——检查。在呈现了知识点并做了大量示证后，接下来以四个典型情况检查学员对情境领导知识点的理解程度。

情境领导课堂练习 [1]

任务：每个情境下的选项分别对应什么领导风格？针对此情境选择最合适的风格。

1. 一位员工加入公司已经一年有余，但在工作中有时仍表现得让人不太满意，尽管他在其他公司从事过类似的工作。

A. 你对这位下属听之任之，认为他在适当的时候会把工作做好。

B. 你询问该下属是否需要帮助，并同他就应该采取什么行动达成一致。

C. 你质疑该下属，目的是想了解他是否对这份工作感到不安。

D. 你向该下属耐心地解释应该怎样去完成这项工作的主要部分。

2. 一位下属曾受过良好的培训且经验丰富，可是在完成工作的某些方面好像遇到了一些困难。你知道他以前在没有得到任何帮助的情况下曾成功地解决过类似的问题。

A. 你告诉他应怎样去解决问题。

B. 你和他碰一次头，希望他在交谈过程中把问题提出来。

C. 你问他你们是否能够一同解决这一问题。

D. 你拭目以待，看他是否能不借助任何帮助解决问题。

3. 你手下有一名员工，你要求他去完成若干不同的任务。他在执行其中一些任务时遇到困难，他变得非常烦躁，情绪波动很大。以前出现这种情形时，你曾经试图同他就这一问题加以讨论，但无功而返。

A. 你同这位下属讨论他对该工作的看法，想知道他为什么把这些问题看得如此严重。

---

① 此练习题由中层管理技能提升训练专家、三星中国总部原培训总监张正顺老师友情提供。

B. 你向他提供咨询，对他以后应该怎样做给出建议。

C. 你不介入他的工作，以便他能够独立解决问题。

4. 你手下有一位员工，尽管他具有一定经验，但不能令人满意地按照优先次序安排工作。你以前同其探讨过这一问题，却没有收到任何成效。

A. 你努力想通过讨论来影响这位员工改变他做事的优先次序。

B. 你向他解释什么是优先次序。

C. 你努力想通过表示你对问题的理解来安慰他，并强调你对他信心十足。

D. 你对他听之任之，因为你认为他能及时确定正确的优先次序。

延伸：串联示证教学模式

把大象装进冰箱需要几步？答：三步。把冰箱门打开，把大象塞进去，关上冰箱门。

把长颈鹿放进冰箱需要几步？答：四步。把冰箱门打开，把大象拿出来，把长颈鹿塞进去，把冰箱门关上。

森林里开大会谁没去？答：长颈鹿没去，它在冰箱里。

一个人过鳄鱼湖为什么没有被鳄鱼吃掉？答：因为它们到森林里开会去了。

以上四个脑筋急转弯与一般的单个脑筋急转弯不同，它们的情节发展是连贯性的，前一个问题的结果会影响到后续问题的回答。

在老师"讲"的策略流程 PDC 中，不一定在每个知识点呈现与示证后都分别做检查，有时候会在一个单元或某一个共同属性的模块结束后统一做检查。因此，在实际教学中，老师"讲"的策略最常看到的形态是"呈现一般信息—以细节刻画示证"这样的逻辑顺序。即呈现一个一般信息后，立即提供一个细节刻画示证。当用于示证的细节刻画内容有一定的连贯性时，便成了有序列的示证。如果某个课程通篇或大部分用类似的方式教学，我们可以称之为"串联示证教学模式"。如图6-5所示。

图6-5 串联示证教学模式

串联示证教学模式的最大特点是，拥有共同的背景或角色设定，示证材料前后情节连贯，通篇使用此方式或占有绝大多数的比例。

比如，前文为了示证PPT母版的四大特点，我们用了外婆、姨妈、孩子之间的关系与四个关键情节做细节刻画。如表6-1所示。

表6-1 PPT母版的四大特点示证

	特点一	特点二	特点三	特点四
一般信息	祖上的基因一定会同步给下一代	下一代可以暂时屏蔽祖上的控制	通过重置可让孩子回到最初状态	灵活应用占位符，自定义祖上形态
细节刻画	血脉相连	自由飞翔	不忘初心	无限可能

　　串联示证可以存在于某一内容所包含的不同成分的分别讲解中，也可以存在于不同内容或知识点之间的讲解中。

　　比如，当课程包含需要解释的专有名词时，你可以像下面这些金融名词一样示证。这些金融名词有：过桥资金、杠杆收购、定向增发、借壳上市等，我们这里重点介绍前两者，以便让读者更好地理解串联示证的模式。

名词一：过桥资金

　　呈现一般信息：过桥资金是一种短期资金的融通，期限以六个月为限，是一种与长期资金相对接的资金。提供过桥资金的目的是通过过桥资金的融通，达到与长期资金对接的条件，然后以长期资金替代过桥资金。过桥只是一种暂时状态。

　　以细节刻画示证：西天取经项目结束后，取经团队解散。猪八戒回到高老庄想开胖子服装厂，但手上资金不足，于是他向银行贷款了20万元，为期两年。两年期满，八戒想扩大经营准备向银行再借一笔钱，但必须先把之前借的20万元还上。恰好此时八戒接到了一笔大订单，暂时没有钱还银行。于是他找到了牛魔王，想借钱来还给银行。牛魔王考察了八戒的胖子服装厂后，觉得经营得不错，就同意把钱借给八戒四个月，利息比银行高，同时收一些手续费。八戒拿到牛魔王公司的钱后，按时归还了银行原贷款，顺利贷出了新贷款15万元，并于四个月后把钱还给了牛魔王的公司。牛魔王的公司借给猪八戒的这笔钱，称为"过桥资金"。

名词二：杠杆收购

　　呈现一般信息：杠杆收购（leveraged buyout，简称LBO）指公司或个体利用收购目标的资产作为债务抵押收购此公司的策略。杠杆收购的主体一般是专业的金融投资公司，投资公司收购目标企业的目的是以合适的价钱买下公司，通过经营使公司增值，并通过财务杠杆增加投资收益。

以细节刻画示证：猪八戒的胖子服装厂开得红红火火，风生水起，不到三年时间，他的服装已经占领了高老庄近一半的市场份额。他的下一步计划是进军全国市场。沙悟净自取经团队解散后，开了家互联网公司——胡子科技，经过三年多的沉淀，积累了不少实力技术与研发团队，也得到了一些中小企业的订单。

猪八戒想买下沙悟净的胡子科技，以互联网的思维与技术使胖子服装的成长加速。达成一致后，八戒以胡子科技的技术与资产做抵押，向银行借款。银行质疑："你用什么还钱？"八戒回答："胡子科技的技术过硬，团队稳定，创新与研发能力强，一直以来凡与之合作的企业都获得了快速增长。我们以胡子科技的技术加持胖子服装厂，将突破高老庄的地域限制，在全国开辟出新的渠道，销量与利润一定会翻倍，所以能保证充足的现金流。而且沙悟净人踏实靠谱，管理方法得当，不用担心还款。"于是银行借钱给了猪八戒，猪八戒用这笔钱把沙悟净的胡子科技公司收购了。原来猪八戒（收购方）资金不充足，但是通过向银行抵押沙悟净的胡子科技公司（被收购方）的技术与资产来借钱（加杠杆）实现了收购计划，这个策略就叫"杠杆收购"。

串联示证的模式，有时候也会把示证的部分前置，示证里包含要讲解的一般信息。如果针对示证提出问题，让学员完成一定任务（问题讨论、案例分析、方案生成等），这就是进一步的示证，它属于学员"做"的策略。

任务八 设计学员"做"的策略

学员"做"的策略流程：TASF

在老师"讲"的策略的流程里，主要从老师主导的视角出发，而在学员"做"的策略里，学员在教学参与度上的比重非常大。我们从师生的双方互动视角出发，提出学员"做"的策略流程，即任务（task）、行动（action）、展示（show）、反馈（feedback）四个步骤，简称 TASF。如图6-6所示。

> 心中醒，口中说，纸上作，不从身上习过，皆无用也。（清代教育家颜元）

图6-6 学员"做"的策略流程

要让学员现场动起来，老师必须提前进行精密设计。老师在现场向学员提出任务后，学员领取任务并开始执行具体行动。行动这个步骤是非常花时间的，也是学员"做"的最直接体现。学员完成任务要呈现出可视化的结果，可能是写在白纸上的方案，也可能是现场的技能秀，总之需要向更多人展示，在此期间，学员之间可以相互学习启发。最后，老师对学员展示的情况进行评估、补缺，必要时提供矫正性指导或差异化辅导，达到引导与启发学员的目的。

学员"做"的策略流程提供了一种完整的思维框架，让我们在开发与实施学员"做"的策略时，能做到有始有终，不遗漏某个步骤/环节。执行这四个步骤时的具体过程及注意事项如下。

任务

老师呈现需要让学员做的事情、给学员提出的挑战、要学员分析的案例或解决的问题等，并约定好规则，限定时间、方式和资源等。

在实施这个步骤时，必要时老师需要提供一定提示，规定答案范围或框架；呈现任务及规则时要及时检查，确保学员理解，并留足时间答疑。

行动

学员按规则实施，一般以学习共同体（小组）进行，学员获取任务后，在组长带领下操练、探询、研讨、共创、脑力激荡，推进技能的熟练或问题的解决。

此步骤需要激发学员的好奇心与主动性，让学员在框架下自主完成任务；为防止学员浅尝辄止，从而让这阶段成了走过场，老师要给学员足够时间。其实，任务完成过程本身就是很好的思维建构过程。

展示

展示的是行动后的显性结果、可视化的任务成果、技能的演示或方案的发布等，这是局部范围（小组）到更大范围（班级）的秀场，是更宽维度的知识碰撞与共享的过程。

此步骤要营造开放共享的学习氛围，鼓励学员视不同意见为学习机会，并将其当成对自己观点的修正或补充；老师要视时间的长短选择展示的形式与数量，不一定每个展示都需要上台呈现与讲解，可将其贴到墙上，形成开放空间的即视感，并设定规则让学员相互学习与评估点赞。

反馈

老师对学员展示表现进行评估，并给予针对性的反馈意见及建议，做到对知识的查漏补缺与理论升华，必要时要给予学员矫正性指导或差异化辅导。

此步骤需要老师提前预备内容，并与现场学员表现相结合，强调反馈的个性化。同时，老师可多引导学员的自我反馈及学员间的相互反馈。

TASF流程常见的十种教学方法及适用情境

学员"做"的策略在实际使用中有多种方法，这些方法体现着建构主义"以学员为中心，以解决问题为导向"的教学理念。这些具体不同的方法可运用于教学的不同阶段，往往结合常规讲授方法，通常有四种情境会用到学员"做"的策略：

情境1：在讲授新知前，将学员"做"的策略当作大的引子，引导学员更快进入状态；

情境2：在讲授新知后，将学员"做"的策略当作大的练习，使应用情境更真实；

情境3：用于辅助讲授过程，学员"做"的策略让学员在行动中学习，加深理解；

情境4：用于代替提供答案，学员"做"的策略让学员共创解决方案，形成共识。

当然，有时候我们仅仅只是为了促进学员的参与而采取学员"做"的策略，但这种情况是从"教"的角度出发，而非"学"的角度。促进学员参与是任何一种学员"做"的策略的教学方法都包含的价值，所以我们不把仅仅为促进学员参与当作一种典型情境。

在具体设计学员"做"的策略时有不同的教学方法，以下是常见的十种，虽然它们在四种情境下的适用度不一样，但它们都遵循 TASF 流程。如表6-2所示。

表6-2　学员"做"的策略常见的十种教学方法及适用情境

方法	简要介绍	适用情境			
		1	2	3	4
问题讨论	这是最主要的一种方法，也是在学员"做"的策略中使用频率最高的方法，因为"任务"的执行与"问题"的解决往往是同一件事情的两种呈现面貌，所以"问题讨论"也作为一种基本元素被包含于其他方法中——所有驱动学员"做"的源头都是完成设置的问题或任务	√	√	√	√
案例分析	基于工作事实的典型案例能引起学员的重视与兴趣，针对案例中主人公的做法及得失进行深入分析，总结失败的教训与成功的经验。注意，这里是以学员为主的分析，而非只听老师分析	√	√	√	√

（续表）

方法	简要介绍	适用情境			
		1	2	3	4
技能演练	针对某项有具体流程的技能，在讲解介绍完之后，为了更熟悉运用该技能而进行的反复操作与练习过程，练习的结果是获得更娴熟的应用性技能。可应用于能直接观测的动作技能，如驾驶技能、握手技巧等；也可应用于非动作层面表现的其他技能，如客户拜访时的开场技巧、长文档生成自动目录的技巧等。注意：要演练的技能须步骤清晰，明确具体，操作性强		√		
角色扮演	可以这样理解：技能演练＋具体情境＝角色扮演。角色扮演往往需要多人进行，所以对于控场能力要求更高。为了节省现场商量时间，老师提前设计好典型情境，由学员抽取，并在此情境框架下展示，展示对该知识点的灵活应用	√	√		
游戏活动	之前在细节刻画里提到的"即时体验"支架与此方法类似，但即时体验仍是老师占绝对控制权的，学员的体验短平快。游戏活动方法重在营造让学员完全沉浸其中的游戏体验，在体验中完成一定挑战，有很强的刺激性与趣味性。游戏的体验结果一定要指向课程的内容或主题，务必总结与升华，不能为游戏而游戏，或仅仅为促进学员参与	√	√	√	√
世界咖啡	此方法需要花较长的时间，它的主要精神是跨界：不同部门、不同职务、不同专业背景的一群人，在某个大框架下，针对多个子议题，发表各自的见解，互相碰撞意见，激发出意想不到的创新点子。与一般的小组讨论不同的是，每一轮讨论结束，除组长外其他组员要离开本组，各自到其他小组去参与下一轮的讨论——正如蜜蜂到其他地方采蜜一样，而本组也会迎来新的成员。如此循环数次后，再次回到原来的小组，此时采到不同的蜜，再次碰撞将有不一样的化学反应，往往能获得更深刻、更全面的方案			√	√
分块自学	对于某些新知，老师提前准备翔实的资料，把内容切分成与小组数量一致的模块，分发到各组，每个小组领取特定模块资料，并带着任务与问题集体自学。规定时间到之后，按内容模块次序派代表与全班分享该模块的内容及自己的学习心得。如此循环，该完整内容被学员集体自学与分享完毕，老师针对性评估及查漏补缺，并对要点引发学员深层次思考			√	

方法	简要介绍	适用情境			
		1	2	3	4
分组辩论	往往在与情感、态度相关的"选择"或"认知"时，以辩论的方式让观点越辩越明，也能促发人们的多角度思考。有时候会与案例分析结合使用，如在一定案例背景下，针对"某工厂该不该开除某位员工"的议题分组辩论。辩论座次与规则按常规的辩论进行。需要注意的是，老师要随时观察过程观点，并对最后的结果进行引导，引导到与内容主题相关的观点上来		√	√	√
问卷测试	这种方法使用广泛。老师准备问卷，学员按要求填写。问卷设计不应该要学员大量书写文字，而让学员选择或判断即可。以前，问卷多以纸质形式现场发放，现在可结合手机进行，学员现场扫二维码，测试结束后即生成结果，方便快捷。展示步骤在此方法中常常会被弱化	√	√	√	
学习海报	这是一种总结、强化、共享学习成果的方法。让学员以小组为单位，把所学内容按一定规则（比如，四个知识点、三个感受、两个发现、一个行动，并以一幅能折射主题思想的图串联它们）在大白纸上制成生动的海报，并上台解读分享。当所有海报都贴到墙上后，所连成的一大片图景便是极其可观的学习成果		√		

问题设置的基本原则与参考套路

可以说，TASF 流程的第一步"任务"里所包含问题的质量直接决定了整个教学活动成果的质量。那么要如何设置问题呢？最直接的思考是，想要什么结果就设置什么问题。当问题不止一个时，它们之间的逻辑则有一定讲究，通常要满足以下基本原则。

提出一个问题往往比解决一个问题更重要，因为解决一个问题也许仅是数学的或实验上的技能而已，提出新问题却需要创造性的想象力，而且标志着科学的真正进步。（爱因斯坦）

紧扣目标设问

设置的问题是我们对结果的期望，用以满足一定的教学目标。从老师"讲"到学员"做"的转变中，老师讲变少了，需要学员自行探究，寻找答案。比如，老师可以直接呈现某事情的重要性，然后采取学员"做"的策略，可以设问："请尽可能地列举某事的作用。"简单直接，甚至有点粗暴，但很管用。如果是案例后跟着的问题，则可这么设置："小李为什么提出离职请求？假设你是小李的上司，你如何挽留小李？"这些都是紧扣目标设问的表现。

由简单到复杂递进

当问题不止一个时，则需先提出简单的、客观性的、容易作答的问题，再逐步过渡到复杂的、主观性的、需要综合分析共创解决方案的问题。

比如，与人力资源管理相关的讨论，可设置这样的问题序列：

- 在新时代背景下，人力资源管理的发展大趋势是什么？
- 这些趋势给我们公司人力资源管理带来了什么样的机遇和挑战？
- 对我们人力资源工作者来说，需要做哪些改变？
- 接下来三个月内，我们（应该／可以／必须）做哪些行动？

以上四个问题，由广到深，由易到难，由客观到主观，由现象到行动，步步为营。其实我们最想看到的是学员对最后一个问题的回答，但如果没有前三个问题的铺垫与准备，直接让学员回答第四个关于行动的问题，难度会大大增加，所共创的结果往往质量不高。

问题要具体明确

当不清楚自己想要什么时，人们往往会随便交差，应付了事。问题的方向、数量、回答条数、框架要求等都要具体明确、清晰明了。如"请阐述如何践行职业化"与"结合公司企业文化，作为一名新员工，为了更好地完成从校园人到企业人的转变，在工作中我们可以做什么？不应该做什么？"这两种设问的方式带来的结果是不一样的，前者让学员的思考范围过于宽泛，聚焦性不强；后者对问题进行了多项约束，预想结果的落地性将会更强。如果要进一步具体化，还可以给学员的思考搭建一定的框架，用来规定答案的数量，如"在接下来的工作中，我们可以做的最重要三点是什么？"

聚焦结构不良的问题

问题的本质是现状与目标的差距，问题的解决方案即从现状到目标的路径。现状、目标、路径三者构成了问题的结构。当现状明确、目标明确，路径也明确甚至唯一时，这样的问题是"结构良好的问题"。我们在学校读书时解的数学题目多数是这类问题：所给的资源与条件很明确，要达到的目的很明确，我们要做的就是找到一个或多个定理，然后一步一步推导证明，即可得到正确答案。

在职场中，我们每天要解决很多问题。有一天领导对你说："小王，请帮我把这份资料拿到一楼文印室复印十份。"现状是只有一份，目标是十份，路径是到一楼文印室复印。这样的问题是典型的结构良好问题，解决这样的问题往往听话照做就好了。有时领导再温暖些，还能提供更多具体信息："文印室里有两台复印机，左边那台经常卡纸，我建议你用右边的那台。同时注意是双面复印。"

只解决这样的问题对你的能力提升没多大帮助，就算你干了十年，估计也是低水平重复劳动，苦劳多，功劳少。

在一个问题中，只要现状、目标、路径三者中有一个不那么显而易见，这样的问题即可以称为结构不良的问题。比如，做一个市场调查、策划一项活动、写一篇报道、开发一门课程、处理某个突发性投诉事故、经营一家公司等问题的解决。

有时候领导交给你的任务不够明确，你得与领导进一步沟通，让现状与目标趋于明确，至少能让你更明白领导的意思，这样你自由裁量时才不会偏差过大。当现状与目标相对清晰后，你再想办法寻找解决方案。在职场中能解决多大的结构不良的问题，你就有多大的机会提升自我。

"条条大路通罗马。"罗马就是我们的目标，但最初并不是所有人都清楚自己所在的位置，当通过讨论认清后，就需要大家共创出到罗马的路径。当然，这个路径并不是唯一的，每个人对此都有不一样的看法，每个小组共创出的也都不一样，所以，我们不能以一刀切的方式认定哪些路径是正确的，哪些路径是不正确的。这就是结构不良的问题。

解决结构不良的问题，要通过各种方式或手段使问题趋于明确，进而将其转变为结构良好的问题，这样才好行动与落地。学员认知层次越低，越应该给他们具体明确的问题，使他们能按部就班地行动练习；学员认知层次越高，越应该给他们结构不良的问题，使他们获得更多主动权，参与感也更强。

在老师"讲"的策略 PDC 流程中的"检查"步骤里，一般设置的问题是填空题、判断题、选择题、连线题等，它们是结构良好的问题。而进行原因分析或寻找解决方案的开放题则多为结构不良的问题，它们是在 TASF 流程里要聚焦的问题。比如："你认为新产品上市后客户投诉暴增的原因是什么？结合目前的情况，如何有效降低客户投诉率？"

以上是问题设置的基本原则，为了有章可循，我们提供几种常见的套路以供参考。但要注意，套路不是万能的，它仅提供可借鉴的思路，具体使用时要根据实际情况灵活变通，而不被套路套住。

参考套路1：发现—分析—解决

人类认识世界、改造世界的基本程序是，发现问题—分析问题—解决问题。这个基本程序给我们的设问提供了最基本的参考。

几乎所有以事实为基础的问题序列都可用这样的逻辑：

你认为我们的 ×× 目前遇到的最大困难是什么？

请分析造成此困难的最主要原因是什么？

如果你是 ×× 经理，你会从哪些方面解决这样的困难？

如果是案例分析的设问，则可以这样设问：

罗经理目前面临什么样的难题？

为什么会出现这样的情况？

假如你是罗经理，面对这样的情况，接下来会怎么做？

如果是游戏体验活动，则可以这样设问：

在活动过程中，你们发现了哪些不好的现象？

为什么你们如此努力，绩效却不佳？

如果再来一次，你们将做何调整？

你看，"发现问题—分析问题—解决问题"这个逻辑是不是很通用？它是最基本的套路，简直是万能的。接下来再介绍两种常用套路，它们也可以说是在此基本套路基础上的增强或变式。

参考套路2：目标—结果—原因—规律

此套路来源于联想公司的复盘流程。"复盘"原本是一个围棋术语，指下完棋，棋手重新摆一遍下棋的过程，探讨得失，总结有无更好的应对着数。在联想公司，"复盘"是企业文化的重要方法论之一，是指工作做完了再回顾一遍，目的是不断检验和校正目标，不断分析过程中的得失，便于改进，不断深化认知，总结规律。

联想的复盘有四大步骤，为我们的问题设置提供了非常好的参考框架，如表6-3所示。

表6-3　联想公司复盘的四大步骤

步骤	主任务	子任务
步骤1	回顾目标	当初的目标是什么（期望的结果）
		要达成的目标，里程碑
步骤2	评估结果	highlights（与原来目标比）
		lowlights（与原来目标比）
步骤3	分析原因	成功关键因素（主观/客观）
		失败根本原因（主观/客观）
步骤4	总结规律	经验，规律（不要轻易下结论）
		行动计划： 📍 start doing： 📍 stop doing： 📍 continue doing：

在复盘时，需要具备的态度是开放心态、坦诚表达、实事求是、反思自我、集思广益。

课程中可这么套用该流程：

我们当初定了什么目标？是如何制定的？

我们达标了吗？差距有多少？

为什么我们如此努力，绩效却不佳？

对我们××工作有何启发？哪些继续发扬？哪些要改进？

参考套路3：事实—感受—发现—未来（4F）

此套路来自英国学者罗贵荣（Roger Greenaway）提出的"动态回顾循环"，这是一项引导技巧，他归纳出四个F的提问重点：事实（facts）、感受（feeling）、发现（finding）、未来（future）。作者以扑克牌的花色说明反思的内涵，并依照扑克牌的次序，发展出引导学员从经验中学习的模式。如表6-4所示。

表6-4 4F提问重点及关联解释

步骤	提问重点	关联解释
步骤1	事实 ♦（方块）	方块代表的是经验最初的面貌，它有很多面，正如钻石那样具有多面性，因此，我们可以用它来比喻"事实"，通过不同角度观察，描述事件和经验
步骤2	感受 ♥（红心）	以红心代表个人的感觉和情绪，表达内心所要分享的主观感受或直觉。
步骤3	发现 ♠（黑桃）	黑桃代表探索内心的一把铲子，表示挖得更深入。在此提出的问题通常是要寻找原因、解释、判断或澄清信念。经过本阶段全方位的思考，能总结出经验对个人或群体所带来的意义
步骤4	未来 ♣（梅花）	多瓣的梅花代表多向度的前瞻思考，思考如何把经验转化和应用在未来的生活中，可能包括行动计划、学习计划、预测未来、思考可能性及描述有哪些选择、想象或梦想

4F 流程很适合体验式课程。在一次与寻宝相关的体验活动结束后，我是这样设问的：

寻宝路上我们是怎么走的？经历了什么关键步骤？我们看到了哪些现象？

对于这样的结果，我们有什么感受？

作为身在××的职场人士，这一路上的寻宝经历（如目标、选择、方法、结果等），与我们这一年多来的工作有何对应？请举例说明。

寻宝之路已经结束，职场之路才刚起步，结合环境的变化与文化的导向，畅想我们的职场之路怎样走得更稳、更远？

4F 甚至可以用于总结升华或心得作业的结构，比如培训总结时，我常用的学习海报的"幸运四叶草"回顾方式：

本次学习印象最深刻的三个知识点；

本次学习过程或结果的三个感受；

对自己最有启发或感悟的三个方面；

未来一个月内要做的与主题相关的三件事情。

以上介绍了三个常用的序列问题设置的结构，但大家别忘记了，其实还有一个非常好的结构，即我们的经典教学母流程：why—what—how—so，它也可以用于问题设置的逻辑中。比如在案例分析里，这么套用：

你认为出现这样的问题，谁要负主要责任？为什么？

你认为什么是越级指挥？

如何避免越级指挥的发生？

当你的上司越级指挥时，你该如何做？

可见，做个生活的有心人，留心观察，就能找到可参考的诀窍与套路。

案例开发的注意事项

理解不同情境下的"案例"

"案例"一词在培训与工作中使用频率非常高，经常被笼统地使用，在教学设计中，无论是老师"讲"的策略还是学员"做"的策略，都有案例与案例分析，我们有必要进行区分。与"案例"或"案例分析"较接近的情境是：

- 在课程的开头，有时候用具体的事实引发学员的注意；
- 在每个模块的教学流程 why—what—how—so 中，why 里也会包含一定的事实、典型案例等；
- 在撰写知识内容脚本时，可从棘手问题的解决事件中萃取知识，当时我们提供了 SCQA 流程进行案例的回忆与撰写，这里的案例是一种典型的正面实例；
- 为了示证一般信息，让学员更好地理解，我们可以用搭支架的方式进行细节刻画，其中用到举例说明，举的例子往往是正面的，少数时候也会有反面例子；
- 平时说的故事分两种，一种是虚构的，如奇幻或童话故事，另一种是真实发生的，都可以称之为案例；

- 案例分析中的案例强调对某个事情的完整过程，包含时间、地点、人物、起因、经过、结果。

案例开发的注意事项

源于生活。用于课堂分析的案例要来源于真实的工作与生活，这样能引起人们的共鸣。从这点来看，案例不是艺术，而是生活的缩影、工作的反映。在课堂上，学员讨论的都与自己的情况直接相关，解决的是自己的问题。在这种情况下，学员会自动自发地被点燃。

有代表性。案例分析过程在课堂上所花的时间较长，选材时务必选择典型的案例，并能举一反三。如果一两年才发生一次的极小概率事件，则不必当作案例供学员分析。

事件有冲突性。案例里的人物要面临一定的艰难抉择，案例里也或明或暗地包含了不同的方案，无论选择哪一个方案，都会有众多支持者，都有一定的道理。尽量不要出现非常显而易见的选择，因为那是不必讨论的。

我们从"油费该不该扣"这个具体案例来看其中的冲突要素。案例由张正顺老师友情提供。

某公司有规定：部门经理及以上的管理人员，每月补贴400元的汽车油费。由于工作需要，技术部的负责人刘经理被派往海外进修5个月。当他进修结束回来时，有天中午吃饭，刘经理的上司夏副总听到有几个员工在议论，认为刘经理一举三得：花公司的钱学到技术，还拿到海外补贴，出差不开车拿车补，好事都让他赶上了……公司不该给他支付汽油补贴。

当天下午，主管刘经理的副总找他谈话，说明了相应的理由，想把已经发放的2000元油费收回。刘经理虽然表明了态度，但这笔钱最后还是被扣除了。

两周以后，刘经理提出辞职，离开了这家公司。

对于此案例，可以让学员讨论分析：

● 此油费补贴该不该扣？

● 刘经理为什么离职了？

● 如果你是夏副总，你如何处理此事？

此案例有多层冲突性特点：

● 刘经理不开车拿车补的事情引起员工的不满情绪；

● 刘经理面临着2000元油费被收回的可能；

● 夏副总面对这样的问题在解决方案上的摇摆；

● 刘经理最后的离职给公司造成了巨大的人才浪费与负面影响；

● 对于油费该不该扣的问题，不同人有不同的意见，这些意见往往是相反的，现场学员的讨论也如此。

艺术化加工。虽然我们强调案例的真实性，但值得分析的案例也要具有一定的高度与难度，能有效启发学员的心智，厘清似是而非的问题。过于明显的暗示性指向的负面案例务必改编。当案例来源于本企业内部时一定要注意，案例涉及的人名、事件、具体数据要进行改编，引用的负面案例更要隐去人名或模糊处理。当然，如果企业文化或案例人物对于自身缺陷的包容度足够大，能以正确、客观的姿态面对，则这方面的改编程度可降低。当遇到非常忌讳的情况，可用旁系案例暗喻，旁敲侧击，说别的企业的问题，说别人身上发生的问题。

案例的呈现方式

配合幻灯片关键词的口述。这是案例呈现最常见的方式。要注意的是，此种呈现方式并非完全口述，也非通篇文字呈现于幻灯片上。两相结合的方式能保证关键信息的一致性，也能让学员的注意力与老师的演绎同步，学习体验较好。当然，这对老师的表达能力会提出更高要求。

完整案例文字打印。如果案例较长，信息量大，就需要学员注意案例中的细节，如果一页幻灯片装不下所有内容，则可活页打印，需要用到的时候现场发放，学员人手一份。这有利于大量关键信息的一致传播，也方便学员自定步调反复阅读与分析案例内容。

视频播放。可以是自行录制的视频，也可以截取于影视节目。以多媒体视听方式呈现案例，更能调动学员的多种感官，让他们在观看视频时，注意力更集中，更有带入感。必要时可反复播放同一视频案例。

角色扮演。从老师讲述案例，到学员自行阅读案例，再到多感官欣赏案例，最后的角色扮演让学员"进入"案例。老师需要提前准备相应的角色与对白，选择适当的代表上台演绎。有时候学员自由度不高，只需要把老师准备的情节与台词复述即可；有时候老师只提供框架，由学员在框架下自由发挥。无论选择哪一种，学员如何发挥，都应该在老师可控的范围内进行。角色扮演根据需要决定学员的自由度，这对老师的现场把控能力要求很高。

学员"做"的策略举例

此案例来源于我在特步大学给校招新员工培训"蘑菇总动员"课程的第一模块——以蘑菇的态度入世。

任务

初入职场的新人往往难以适应职场规则，角色转变较慢。当他们发现自己对很多工作要求都达不到预期后，就慢慢失去了信心与热情，并经常抱怨自己吃的是杂粮，干的是杂活，做的是杂人！

这种现象及这个阶段是大多数职场人都会经历的"蘑菇期"——长在阴暗角落的蘑菇，因为得不到阳光又没有肥料，面临着自生自灭的境况；只有等到自己长到足够高、足够壮的时候，才能被他人关注；此时，他们已经能够独自承受风雨了。这就是蘑菇定律，也叫萌发定律。

蘑菇定律告诉我们，任何人在成长过程中，都注定会经历不同的苦难、挫折，被苦难、挫折击倒的人，就必须忍受生活的平庸，而战胜苦难、挫折的人，则会突出重围，拥抱卓越。

小组讨论：

1. 如何理解职场蘑菇期？

2. 结合本公司文化，阐述如何快速度过职场蘑菇期？

成果要求：

不仅限于说出来的理解，还要结合其他艺术形式将这种理解呈现出来，如漫画、logo 设计、诗句、歌曲、舞蹈、情景剧、小品、三句半等。展示时间最长不超过五分钟。

行动

对于蘑菇定律这个概念，大部分人都是第一次接触，但网上已经有大量相关资料可用来学习了。因此，除了课程讲义上所提供的部分背景性内容，老师还要鼓励学员现场上网查资料（使用手机、平板电脑或笔记本电脑），多渠道收集信息，汇总并讨论后形成对职场蘑菇期的综合理解。

在学员自行查找资料的过程中，老师要随时走动观察监督学员是不是在查资料，避免学员利用网络做一些与课程无关的事情，比如刷朋友圈。（有些培训主办方会把学员的手机集中存放，在这个环节可以允许每个小组领回一部手机。）

展示

此步骤是本问题讨论活动最精彩的地方。学员以小组为单位上台呈现讨论成果，有的小组以常规发言来呈现，有的小组以三句半形式来呈现，有的小组以多场景的情景剧来呈现，有的小组以漫画解释或改歌词来呈现。

展示环节最能体现职场新生代的活力与创意。

反馈

老师对小组的表现进行点评，如果发现其中存在认知偏差与理解不足，要及时指出。比如，有些学员对职场的理解比较肤浅，虽然有短暂的实习经历，但感受并不深入，他们的大多数感受都来源于职场类电视剧；影视作品为了突显情节，增强吸引性，会进行大量艺术化的改编，这会带给涉世未深的职场新人很多先入为主的误解。当这些误解在展示环节中呈现出来时，老师要对其进行矫正性反馈。

在所有小组都展示完毕时，老师可根据展示的情况进行补充、总结、提炼、升华。比如以蘑菇的态度入世的几个要求：

- 先做人，后做事；
- 先专注，后专业；
- 先增值，后回报；
- 先沉淀，后成才；
- 先有为，后有位。

案例分析：如何降低沟通成本

本案例是与重庆国际博览中心合作课程开发工作坊时，内训师虞琳老师写的。案例选取了一个典型场景，还原了日常工作中产生的巨大的沟通成本，从而引起学员的重视，并共同寻找解决办法。

任务

某个工作日上午10∶50，项目负责人刘经理电话通知行政专员小谢，公司外协单位老王急要"××质检报告"，要小谢打印盖章后，加急快递至项目现场。

次日，老王再次向刘经理电话催要报告。原因是昨日邮寄的报告已经收到，但是份数不够。刘经理准备通知小谢再次邮寄，可是小谢外出了。于是刘经理联系人力资源部的小林帮忙，并通过网络发送电子档报告到小林处。但刘经理不清楚老王需要报告中的哪个部分和份数，让小林自己咨询。于是小林首先电话询问昨天的经办人小谢，当小谢听闻将再次产生邮寄费时，抱怨刘经理和老王不表达清楚导致重复工作（不是第一次了）。

小林在接下来向老王询问页数和份数时责备了老王并提醒其注意，而老王的反应出乎意料，他比小林更生气，并说出了事情的来龙去脉。

原来前几日老王就告诉了项目部的张总监所需要报告的页数和份数，而张总监忘记了安排此事。过了几天老王再次催促张总监时，张总监安排刘经理来处理，刘经理和小谢都不清楚报告需要的页数和份数，于是发生本文开头的一幕。老王没想到一个小小的工作延迟几天都没有办好，最后自己却成了罪魁祸首，回想起以往的类似情况，他的情绪彻底爆发："你们公司向来一点点事情都办不好，爱寄不寄，反正又不是我的项目。"当即挂断电话。

明白前因后果的小林先向老王短信致歉，再次打通电话后倾听了老王的诉说和抱怨，最后老王接受了小林的致歉与开导，并在当天接收了小林加急快递的报告。

讨论分析：

1. 案例中的沟通成本浪费表现在哪些方面？

2. 为了更好地满足老王的需求，请用 ECRS 原则（取消、合并、重排、简化）改善本事件的沟通流程。

3. 本事件对我们的内部沟通带来什么启发？

行动

学员以小组为单位，分析案例，找出解决方案；老师随堂观察，必要时及时给予启发。

展示

学员派小组代表上台展示三个问题的讨论结果。

反馈

老师及时对学员的讨论结果进行点评与补充，并促进学员小组之间的相互启发。可能的补充有：

- 减少工作人员和工作时间；
- 减少电话沟通次数与沟通层级；
- 合并两次打印工作，简化打印与快递工作；
- 简化与重排信息传递流程；
- 提升员工职业化的沟通素养与技巧。

游戏活动：疯狂动物城

这是一个经典的游戏活动，适用性广，可用于沟通、执行力、工作方法、任务传达等主题。在这里，我们用于中层管理者的角色定位。

任务

以小组为单位，每组选出一人当角色 A，另一人当角色 B，剩下的人当角色 C、D、E。角色 A 到教室后排就座，背对大家；角色 C、D、E 围桌而坐，间距相同；角色 B 可以活动，以方便信息在不同角色间的传递。给每个角色发一支笔与一张 A4 纸，任务时间为 30 分钟，整个过程中任何人不能说话，所有沟通都以任务书方式发给对应角色。如图 6-7 所示。

A	B	C
1. 将 A4 纸等分成 6 份，可以填写内容作为邮件发送出去； 2. 你只能和 B 进行邮件沟通； 3. 邮件可以回复，可以转发，但不可群发； 4. 包括你在内，每人手中有五种图片，手中的图片不可让别人看见，也不可传递； 5. 你的任务是"找出每个人相同的图形，并使每一位成员均了解完成任务的答案"； 6. 活动开始后，除了有不认识的字可以举手提问外，培训师不做任何问题的回答，你不可以说话或发生其他声音，也不可以用眼神、肢体交流； 7. 完成任务时请举手向培训师示意。	1. 将 A4 纸等分成 6 份，可以填写内容作为邮件发送出去； 2. 你可以和所有成员进行邮件沟通； 3. 邮件可以回复，可以转发，但不可群发； 4. 包括你在内，每人手中有五种图片，手中的图片不可让别人看见，也不可传递； 5. 你的任务是"协助 A 完成任务"； 6. 活动开始后，除了有不认识的字可以举手提问外，培训师不做任何问题的回答，你不可以说话或发生其他声音，也不可以用眼神、肢体交流。	1. 将 A4 纸等分成 6 份，可以填写内容作为邮件发送出去； 2. 你可以和除 A 以外的其他成员进行邮件沟通； 3. 邮件可以回复，可以转发，但不可群发； 4. 包括你在内，每人手中有五种图片，手中的图片不可让别人看见，也不可传递； 5. A 和 B 领导你完成任务； 6. 活动开始后，除了有不认识的字可以举手提问外，培训师不做任何问题的回答，你不可以说话或发生其他声音，也不可以用眼神、肢体交流。
D	**E**	**F**
1. 将 A4 纸等分成 6 份，可以填写内容作为邮件发送出去； 2. 你可以和除 A 以外的其他成员进行邮件沟通； 3. 邮件可以回复，可以转发，但不可群发； 4. 包括你在内，每人手中有五种图片，手中的图片不可让别人看见，也不可传递； 5. A 和 B 将领导你完成任务； 6. 活动开始后，除了有不认识的字可以举手提问外，培训师不做任何问题的回答，你不可以说话或发生其他声音，也不可以用眼神、肢体交流。	1. 将 A4 纸等分成 6 份，可以填写内容作为邮件发送出去； 2. 你可以和除 A 以外的其他成员进行邮件沟通； 3. 邮件可以回复，可以转发，但不可群发； 4. 包括你在内，每人手中有五种图片，手中的图片不可让别人看见，也不可传递； 5. A 和 B 将领导你完成任务； 6. 活动开始后，除了有不认识的字可以举手提问外，培训师不做任何问题的回答，你不可以说话或发生其他声音，也不可以用眼神、肢体交流。	1. 将 A4 纸等分成 6 份，可以填写内容作为邮件发送出去； 2. 你可以和除 A 以外的其他成员进行邮件沟通； 3. 邮件可以回复，可以转发，但不可群发； 4. 包括你在内，每人手中有五种图片，手中的图片不可让别人看见，也不可传递； 5. A 和 B 将领导你完成任务； 6. 活动开始后，除了有不认识的字可以举手提问外，培训师不做任何问题的回答，你不可以说话或发生其他声音，也不可以用眼神、肢体交流。

图6-7　代表不同角色的任务书

行动

在这个游戏活动中，老师需要考查学员解题的过程状态，所以当学员热火朝天地行动时，老师一定要注意观察学员在每一个阶段的状态表现，以及由此反映出的学员的心理变化。

此步骤需要老师游走于各小组间，不断观察、催促、回答学员对规则的疑惑，甚至需要用纸笔随时记录所观察到的关键现象。

展示

在这个步骤里，老师要对照答案，宣布哪个小组成功完成了任务，以及整体完成率如何，并让所有组长把所用的主要方法对应的字条拿到台上，向全班人展示。

反馈

在反馈阶段有两个子步骤，一个是老师让学员以小组为单位做一套反思性练习题，如下（本例只呈现题目，省去选项）：

疯狂动物城·活动思考自测

（按任务角色，对应工作中的高层、中层、员工）

1. 高层的命令怎么下达？

2. 高层下达完命令，应该做的是什么？

3. 高层的定位是什么？

4. 中层接到上司的任务，首先应该做什么？

5. 中层接到上司的任务，如果不太明白，可以怎样？

6. 中层直接把高层的原话传达给下属，体现中层怎样的角色定位？

7. 中层的角色定位应该是信息员还是任务执行者？

8. 员工完成任务的方法不一样：员工 C 写动物名称，员工 D 画图，员工 E 描述动物的名称及动作……责任在谁？

9. 过程及最后的统计工作应该由谁做？

10. 中层交给上司的应该是什么样的信息？

11. 如果执行过程中的两个兔子问题 / 猫头鹰企鹅问题没被发现，第一责任人是谁?

12.假如我们管理思路很清晰,遇到这个游戏,你认为用几分钟 /
几张纸就可以完成?

另一个子步骤是嵌套一个问题讨论法的 TASF 流程,可让学员对刚
刚体验的活动自行进行深度反思。如表6-5所示。

表6-5 学员对体验活动的讨论

TASF 流程	具体过程
任务	思考并讨论下列问题: 1.中层管理者应该做什么以促进此任务的高效完成? 2.中层管理者的重点工作是什么? 3.结合公司情况,作为中层管理者,我们有哪些需要改进的地方?并举例说明
行动	学员以小组为单位进行讨论与共创,各自发表意见,最终汇总到大白纸上,形成小组的建构成果
展示	小组派代表依次上台向全班发表本组成果,所有人在思维上都获得了新的视角与补充
反馈	老师在每次发表结束后进行简单点评,最后做整体汇总与总结,并对基层、中层、高层的重点工作进行补充,重点阐述中层管理者在组织任务中的角色与应有的姿态

技能演练:岗位指导的七个步骤

这个技能主要是帮助学员(中基层管理者)更好地掌握指导下属的
七个步骤——这是一项非常重要的管理技能。在讲解了七个步骤的具体
内容后,我们采用了学员“做”的策略,帮助学员进行技能演练,从而
达到强化所学的目的。

任务

老师呈现并讲解岗位指导的七个步骤后，让学员两两组合进行角色扮演，一人演上司，一人演下属。针对工作岗位中的某个具体技能，上司运用此七步流程对下属进行教导。岗位指导的七个步骤是：

1. 指导开始时，帮助下属放松紧张情绪；

2. 告诉下属即将指导什么、为什么；

3. 做出正确的示范，让下属对某项技能先有整体性了解；

4. 将技能详细分解，并让下属跟着操作；

5. 让下属独自操作，管理者认真观察，及时矫正；

6. 重复上一个步骤，直到下属能独立熟练操作；

7. 以适当的鼓励或赞扬结束本次指导。

行动

学员两两组合讨论，确定角色及练习内容，并按七步流程反复练习。

展示

以小组为单位，各派一对代表依次上台秀出自己的成果，学员可自行选择指导情境。比如，指导下属如何编辑与发布微信公众平台文章，指导下属如何做商务会面时的自我介绍，指导下属如何在结束当天客户拜访后向公司 CRM（客户关系管理）系统录入信息，指导下属如何为打印机加墨等。

反馈

每次学员的展示结束后，其他学员都参与点评，看扮演上司的角色是否走完了七个步骤，并指出哪里是值得大家学习的，哪里是可以优化调整的。

老师针对整体表现再做七步流程的回顾，并重点强调某些关键流程的注意事项或操作细节。比如，第三步对下属的完整性示范务必是"正确"的，不要有多余的操作或容易误导的动作，否则可能会让下属"有样学样"。

从老师"讲"到学员"做"——设置一个好任务

布鲁姆目标分类学中认知的六个层次从低到高分别是记忆、理解、运用、分析、评价、创造。老师"讲"的策略对应前两个层次，学员"做"的策略对应后面四个更高级的层次。这种简单直接的分法更多的是为了促进理解与应用。事实上，这两种策略间有"模糊地带"，它们有一定的交集，正如"理解"与"运用"这两个认知层次的词语本身也有很多不同解释及交集一样。

在上课过程中，只要条件允许，大部分老师的"讲"都可以转化为学员的"做"，老师可以让学员自行探究与发现，自行总结与应用。但这需要非常周密而系统的设计。从老师的"讲"转变为学员的"做"的一个快速方式是，设置一个好任务。由此我们也可以看出学员"做"的策略的核心是"任务驱动"——"任务"是学员"做"的策略的第一步骤。

简单来说，"任务"就是让学员做什么事，具体表现就是老师提出要学员去解决的问题。因此，大多数时候"问题讨论"便成了从老师"讲"的策略过渡到学员"做"的策略的关键桥梁。接下来我们以 DISC

图谱的理解为例说明如何从老师"讲"到学员"做"。

当学员对 DISC 有了基本的认识与理解后，老师可以呈现一个表单，列出四种风格的表现可以用哪些字进行描述，并对这些内容进行关键性解释。这是典型的老师"讲"的策略。

而转变为学员"做"的策略，用 TASF 流程表示如下：

任务

让学员以小组为单位生成对 DISC 四个象限的描述关键字，尽可能穷尽所能想到的，越多越好。

在这里，有两种参考的做法：

1. 每个小组任务都一样，都要完成 DISC 四个象限；

2. 每个小组对应的 DISC 象限不一样，如果刚好有四个小组，正好每个小组一个象限。

行动

学员进行讨论与共创，老师旁观并适时提醒与督促。

展示

学员把学习成果拿到台上进行分析与阐述，如果时间不足，则可将学习成果贴到开放空间（如墙上的学习园地），让所有人进行"画廊漫步"，同时可加上评分机制，相互点赞。

以下是某次课堂上，学员的共创成果。

D：做、强、狂、狠、凶、猛、野、威、抢、夺、管、霸、雄、悍、撩、准、恶、壮、行、高、急、冷、酷、累、狂、行、控、好、统、领、引、令、乐、争、直、能、勇、闯、歪、厉、敢、真、快、束、爆、冲……

I：说、活、录、动、泼、笑、闹、善、吵、唱、跳、说、交、贺、
跑、乐、论、要、唠、吼、叫、娱、悦、吃、哈、喝、玩、呵、圆、
散、滚、敏、跃、喜、疯、爽、跃、嗨、美、好、亲、话、演、多、
趣、搞、愉、巧、组、欢、享、团、群、动、忘、舞、力、言……

S：听、稳、静、默、宁、善、凝、宽、厚、容、良、博、安、寂、
听、赏、和、耐、注、平、谐、恒、思、盯、望、瞅、闻、闷、好、
友、协、久、长、调、享、奉、献、想、帮、助、赞、忍、韧、忧、
低、友、智、理、慢、爱、冷、看、中、良、隐、寡、待、等、实、
婉、柔、调、效、诚……

C：想、思、优、美、越、卓、绝、谨、细、密、慎、精、益、
毅、恒、臻、纯、踏、虑、敛、伤、忧、守、规、矩、专、制、方、
悟、省、悔、愁、感、注、实、真、满、严、悲、周、策、烦、全、
拘、纠、悔、审、查、核、防、详、迫、肃、疑、淡、忍、执、犟、
闷、谨……

反馈

老师对学员的讨论成果给予点评，该鼓励的鼓励，该指正的指正。
对于某些关键字有多重意思的要进一步阐明，如调、友、长、踏等；对
于带有过于明显贬义的关键字最好不要使用，如滚、累、恶、低、歪、
烦等；对于一些在多个象限都存在的关键字要进一步说明与归类，如疯、
善、好、享、冷、思、美、实、闷等。

当把本来直接呈现与讲授给学员的东西，变成一项让学员共创完成
的任务时，我们会惊喜地发现，学员比我们想象的更聪明，他们的集体
智慧成果甚至超过专家的洞见。这就是教学相长。

哲学家柏拉图说："学习是回忆的过程。"很多时候，学员拥有解决自己所遇到问题的能力，我们进行现场教学就是要让学员发现"哇！原来我这么厉害"，这不是把简单方法机械使用就能奏效的，学习氛围是这类策略使用的土壤。当你经常使用这样的教学策略时，你就会变得更谦虚，这非常有利于教学的高质量推进。

延伸：串联抛锚教学模式

在老师"讲"的策略中，我们曾提到串联示证的方法，即先呈现一般信息，再以细节刻画对其示证，如果这些示证在同一背景中，且前后关联，即为串联示证教学。而抛锚式教学正好反过来，将一般信息后置，嵌入"锚"中。

抛锚式教学有时也被称为"实例式教学"或"基于问题教学"。这种教学要求学员到实际的环境中去感受和体验问题，或在模拟的情境中探讨问题，而不是听某种经验的间接介绍和讲解。在抛锚式教学中，"锚"是指包含某种问题、任务的真实情境。正如轮船能被锚固定住一样，一旦确定了锚，整个教学内容和教学进程也被确定了。在教学中反映出来的是先有锚，再有锚所包含的知识内容（一般信息）。如果这些锚都处在同一情境背景中，并且锚与锚之间有情节关联性，则可称为"串联抛锚教学"。如图6-8所示。

图6-8　串联抛锚教学模式

2017年，为了更好地宣传《中华人民共和国民法总则》（以下简称《民法总则》），《人民日报》发布了动画《当〈民法总则〉遇上哪吒》，其中就用了串联抛锚。

锚1：胎儿哪吒受赠记（尚在母亲肚子里的哪吒收到来自太乙真人的快递）。

知识点1：《民法总则》规定，胎儿也可以有遗产继承、赠予等民事权利。

锚2：游戏装备找回记（太乙真人的游戏账号被盗）。

知识点2：《民法总则》规定，网络虚拟财产、数据信息将正式成为权利客体受到保护。

锚3：见义勇为获补偿记（哪吒见义勇为救唐僧师徒四人而受伤）。

知识点3：《民法总则》规定，为保护他人民事权益而使自己受到损害的，受益人可以给予适当补偿。

锚4：哪吒奶奶获赔记（敖丙在练功时发功过猛，摧毁了哪吒奶奶家的房子，而奶奶此时有老年痴呆症）。

知识点4：《民法总则》规定，无民事行为能力或限制民事行为能力的成年人，由配偶、父母、子女等有监护能力的人按顺序担任监护人。

在结构层里，我们阐述过课程大模块的锚定化中有"情节锚定"，其实它和串联抛锚教学有共同的理念，它们基本是一回事。可以说，课程模块的情节锚定是串联抛锚教学的应用之一。其微妙差别在于，抛锚教学强调"锚"作为课程的主线，由"锚"引出任务或问题；而情节锚定不一定是课程主线，有时是次要线或隐线，且不一定是通过情节抛出对应的任务或问题。

2015年，格诺威咨询的周敏老师辅导过某航空公司的一个课程，此课程与乘务员的职业化修炼相关，周老师用的是串联抛锚教学。由于乘务员作为空中飞人，经常辗转于各个城市，于是周老师的课程就以此航空公司常飞的国内十大城市为"锚"，当乘务员"飞"到某个城市时，就触发对应的任务或问题，从而引发学员讨论，进而寻找解决方案。比如，关于"梦缘地拉萨"的描述是：

"经过了三个月艰辛的培训和一个月地服实习，终于可以穿上这身制服飞行了。今天见到师傅，她真的好美好美噢，真希望以后我也能够像她一样青春永驻。不过美美的师傅一上来就难倒了我，没有问我业务知识，也没有考我应急设备的相关问题，而是问我想成为一个什么样的乘务员。这个我还真没想过……我是应该走一步看一步，还是应该给自己设定一个目标呢？如设定目标，这个目标该怎么去设定呢？"

这里面的第一个锚就包含了定位、定目标、职业生涯规划的讨论。

细心观察，其实我们经常会遇到类似的带有教学属性的电视节目。

比如，中央电视台社会与法频道的《普法栏目剧》就是典型的串联抛锚教学。随着情节的推进，节目常抛出一些尖锐的值得深入讨论的问题。为了找出解决办法，中间会暂停情节描述，而对相关法律知识进行解读，并给出符合当前情境下的最佳选择。当这段教学结束后，剧中的情节继续推进。依次循环进行。这种方式的代入感很强，且老少皆宜。

比如，浙江卫视的美食节目《12道锋味》与常规的教别人做菜的美食节目不一样，它除了剧中的嵌入式教学及结尾部分的完整性教学，每一集都会引入一个能唤起观众感动、美好、回忆、向往的"锚"，比如亲情、爱情、友情或某个焦点明星的参与等。

比如，由赵薇、佟大为领衔主演的电视剧《虎妈猫爸》，讲述了毕胜男和罗素因为孩子教育问题而引发的家庭矛盾、情感冲突等一系列故事。从教学的角度观察，这部电视剧里主人公遇到的各类教育问题是"锚"，围绕这些"锚"引出很多可能的选项，发展出不少情节，如果在课堂上，这便是以任务为驱动的问题研讨与行动。剧中还安排了国际教育专家、罗素的前女友唐琳经常从侧面提供一些教育解决方案。

在应用这类学员"做"的教学策略时，往往学员已经被点燃了，但为了让学习效果更好，我们还需要从多个角度让氛围燃得更旺。

任务九 设计氛围"燃"的策略

　　农民种田，种子的质量对产出固然是重要的，但土壤的质量也不容忽视，土壤贫瘠，再好的种子也难获丰收。因此，如何保持土壤的持续肥沃是农民关心的重要问题之一。于是，秋收后、春播前，农民都会适时地给田地翻土、施肥，保持土地肥沃，争取来年再获丰收。

　　培训师和农民一样，面对资历、潜质、个性、好学度不一样的学员（种子），为了让他们的学习产出颗粒饱满，就需要营造良好的学习氛围（土壤）。在好的学习氛围里，学员把自己当作学习的主人，就会自动自发地学习；在差的学习氛围里，学员感到压抑、厌倦甚至抗拒，失去了学习兴趣，就会从心里关上学习的大门。

氛围"燃"的策略要素：FIELD

学习氛围虽是由老师主导的一项行为，但设计的出发点和中心是学员，我们要从与学员相连的几个维度（要素）来努力提高学习氛围：学员与自己的内心／心流（flow）、学员与要学习的内容信息（information）、学员与授课老师（educator）、学员与其他组员（league）、学员与所处的领域（domain），简称FIELD。如图6-9所示。

图6-9　学习氛围"燃"的策略要素

这些策略要素的首字母组成的单词field，它正好有"田地、场地、场域"的意思，对应着农民的"土壤"。

让学员产生心流体验的一些建议

当我们集中所有精力和注意力，就像凸透镜聚光一样，只集中在某件事情上时，好像周边的全世界都消失了，时间停止了，甚至忘记了自我，只剩下手中正在做或正在思考的事情。这种精神高度集中、完全投入的沉浸状态，心理学家米哈里（《心流：最优体验心理学》作者）把它称为心流（flow）。

现实生活中，让我们容易沉浸在心流状态下的活动有，与实力相当的对手下棋、需要注意力高度集中的攀岩、拳击比赛、跳芭蕾舞、医生为病人做心脏手术、进行画画或写作等艺术创作、第二天有考试的复习、偶遇一本十分感兴趣的书、要处理棘手问题的工作……这些状态都有一些共同的特点，那就是你的个人能力、技能和当前的困境势均力敌；需要你集中所有精力去攻克难题；问题不太难，太难会产生焦虑；问题不太简单，太简单容易觉得无聊。

心流体验其实解决的是学员学习动机的问题。对于课堂培训来说，学员如果能进入学习的心流状态，就会自动自发地学习，为完成自己的任务全神贯注，积极投入学习知识与解决问题的快感当中去。这样的状态获得的学习效能是最高的。

作为教学设计者，如何通过外部的干预促使学员发生这种心流体验呢？我从教学设计的角度总结了一些可供参考的（但远不只这些）做法：

- 为教学设立的目标要切实可行，并且具体明确；
- 不断强调学员是学习的中心，尤其在课程的开头部分，让他们建立对本次学习的主人翁意识；
- 相信他们有解决自己遇到的问题的能力并表达出来；
- 让学员知道培训的目的是辅助他们完成自己的工作任务，在这里的投入都是值得的；
- 给学员设计的内容与问题要有一定难度，同时给他们信心，通过学习一定可以圆满完成；
- 内容不能是各种大道理的堆砌，更不要过多使用讲授的方式，多让学员行动起来，自行探索与发现。

- 所用素材要新颖，甚至带有一定的奇特情节，吸引学员的注意力，满足他们的好奇心；
- 尊重学员的社交需求，建立学习共同体；
- 多以问题和任务驱动教学进程；
- 对学员的参与要正向反馈，并及时奖励。

有一次，某物业公司课程开发工作坊结束后，培训经理向我表达了她的惊喜："罗老师，这次培训学员的参与度完全超出了我们的预期，之前我们担心这些人的水平不高，可能会觉得学习内容太难而失去兴趣，影响成果的产出。现在看来，这些担心都多余了，我没想到大家这么投入，在三天两夜的全封闭训练里，他们课上积极参与，课下按时完成任务，晚上11点半还有小组在教室讨论，凌晨4点还有人在线上提交作业。这在以前从来没有出现过。现在每个小组都产出了丰硕的成果，省去了我们之后催收作业的烦恼。罗老师，真是太感谢你了！"

其实，我做的事情很简单——让学员成为课程的主人。在课前与课中不断强调"孩子"（课程开发的产出成果）要大家自己生，虽然在此过程中会伴随着紧张、痛苦，但经历之后会有大大的成就感。"孩子"落地后是否健康也要大家自己负责。我只是大家的助产士，能做的是在旁边为大家加油鼓劲并及时指导，减轻生产痛苦，减少难产风险，让"孩子"更科学、顺利地产出。

当学员进入心流体验后，所产生的强大力量，会把他们"卷入"学习中，且乐此不疲；其效果会让在场的所有人震惊，包括学员自己。

信息视觉化的四种类型

对于课程呈现的内容信息，有效使用视觉支持进行展示是重要的教学技巧，它能使知识、解释和指导更易于学员理解。下面四种类型提供了广泛的信息视觉化的一些思路，可供读者选择：

书面形式。包括PPT、白板、讲义、标签、便利贴、书籍、杂志、素描、报纸等。书面形式呈现的同时，也能让学员看到内容。要注意的是，书面形式的信息呈现不应该与讲授的话语一样，尤其是幻灯片的内容呈现，务必是精简后的信息。

图形组织者。包括提纲、概念图、图表、故事地图、词汇表、比较对照表、SmartArt、效果图、指导笔记等。图形组织者一般是信息间关系的可视化效果，辅助学员了解整体与局部的关系，也起到了知识导航的作用。

教具或实物图。包括真实的物体、动物、人、模型、沙盘、挂图、卡片、打印的照片等。这些教具除了提供视觉感受，还有真实的触觉感受。在沙盘模拟的课堂里，学员像小时候玩玩具一样，对各类有趣的教具充满了好奇，常常将其把玩于手中。尽管电子游戏带来很大便利性，但有大量实物模型的桌游依然得到很多人的青睐，并且玩桌面游戏的印象往往比玩电子游戏的印象深刻得多。

在某些连续几天集训的课程上，我一般会带上便携式打印机，方便现场打印学员的创意照片，以及一些临时性的任务卡。学员拿到打印实物时的热情大大高过抬头观看幻灯片的热情。在学习教室墙面上的学习园地贴上这类临时照片，现场的氛围感就大大增强了。

直观动作。包括多媒体视频、手势、演示或角色扮演。尤其在讲解流程性知识或技能时，这类直观的示范动作显得非常有效。

与学员建立良好关系的参考做法

与学员建立良好关系是营造积极教学环境的基础。不同学员的期望不同，所以面对不同情况所用的方式、方法会有所差别，但不变的原则是，你要表现出对学员的喜爱。你要努力去喜欢每一位学员，即使遇到爱挑战的学员，也要有足够的包容心。当他们走进教室时，你就要表现出热情与亲和。具体而言，有多种方法可以建立起与学员的良好关系，以下是建立关系之初的参考：

- 保持良好的自我状态，自信、开放、亲和；
- 和学员打招呼，努力记住他们的名字，并在适当时候准确说出；
- 当与学员交流时，对他们微笑，并能用眼神交流；
- 当他们回答问题时，认真倾听，并适时给予赞扬；
- 在课间与课外，与学员随意交谈，参与他们的话题；
- 可能的时候记住他们的兴趣点，并分享你自己的兴趣点；
- 与他们一起分享笑话，也听他们讲笑话；
- 设计一些令学员新奇或惊喜的事；
- 适当情况可有一些局部身体接触，如握手、拍肩；
- 在非学习状态下，帮助他们，也请他们帮助你；
- 沉着处理某些学员的不当行为，就事论事，不耿耿于怀。

建立学员之间快速连接的突破点

雨后的荷叶上，有两滴水珠，呈鹅卵石状的椭圆形，在太阳光的照射下晶莹剔透，美丽极了。突然，微风吹过，荷叶摇摆，这两滴水珠不断移动，并不断相互接近……在某一瞬间，你听不到任何声音，却看到它们合体了——两滴水珠变成了一滴水珠。

人们在新的环境下，也如水珠一样，裹着看不见的"保护罩"，像一团气流裹在我们身边保护我们。当在新环境中感到不安时，这种保护被强化，让我们有意无意地与外界隔离。当大家裹着厚厚的"保护罩"时，是不够开放的表现，这不利于积极学习氛围的营造，甚至让学员对老师所讲的新知也产生先入为主的抗拒。

要打破这种状态的方法多种多样，但最快速、最有效的方式与荷叶上的水珠一样——身体接触。两个人只要一接触，瞬间两个独立的"保护罩"就变成了一个。可以说，在学员之间，无论什么样的连接活动，如果没有与别人的身体接触，都难以真正让对方消除因陌生感带来的"保护罩"。有些人的保护罩薄，有些人的厚，每个人对于身体接触的喜好也不同，所以一定要注意选择的方式、程度和场景。相对来说，普世性的做法总是安全的，比如开始阶段的集体握手，笔者每次都能明显感受到学员间相互握手前与握手后整体氛围的巨大变化。

区域布置提示

物理环境层面的布置与设计会影响场域中的每个人。在区域的布置与设计上，我们应当思考，怎样的物理环境才能使学员感觉到被鼓励，以及能促进对话。从氛围"燃"的角度思考，这些看得见的物理环境在区域布置上可从两个方面着手，即外围布置及座位安排。

外围布置。主要指教室里学员区域周围的布置，特别是对于室内墙的使用，有时候还包含教室外的一些引导性宣传物。可以考虑的外围布置或物品有横幅、展架、指引牌、海报、挂图、学习园地、照片、标记、书籍、杂志、手工制品、艺术品、玩具、文具、实体教具、技术装置、水果点心等。

座位安排。座位的安排受场地的限制。敏课实施的建议是，无论是知识类、技能类还是态度类的培训，只要条件允许，都进行分组。小组的数量与规模根据主题而定，一般的培训5~6个组较好，每组也是5~6个人为最佳。否则，小组数量多了，每次讨论后的展示分享就比较花时间，老师观察与辅导的精力也会被稀释；小组内人数太多了，讨论就可能不充分，会出现某些人参与度不高的情况。座位安排一般按小岛式或鱼骨式，座位的朝向原则是，无论坐在哪个位置，最自然的姿势都是面朝讲台方向的。

点燃氛围的20个框架性活动

点燃氛围是一个综合性的策略，不会单纯地在某个环节发生或通过某个设计便可一劳永逸。它像空气一样，存在于课堂的每一个地方，所以我们提供了五个维度引发大家的思考与注意。对于如何点燃氛围，我认为让学员做活动是非常给力的方式。从这个角度看，你可以认为氛围"燃"的策略是学员"做"的策略的扩展延伸，也可以认为学员"做"的策略是氛围"燃"的策略的特殊子集。

我们在实践中精选了20个常用的对点燃氛围非常有效的框架性活动，这些活动分布在经典的教学母流程 why—what—how—so 中，可以运用于课程整体层面，也可应用于课程模块层面。框架性活动提供的是活动的规则、骨架、流程、策略，不具体指向某个主题，在使用时需根据不同情况自行填充不同内容，所以框架性活动非常灵活。与之对应的是主题性活动，我们非常熟悉的拓展训练活动、管理培训游戏、财务管理沙盘等都是主题性活动。这类活动可大可小，但都会指向一定主题，并且活动往往是固定的，可复制性强，不同的人的演绎风格不一样，但规则、内容、道具、话语等是一样的。

在点燃氛围的活动方面，主题性活动与框架性活动都有很大贡献，但主题性活动局限性较强，某个活动只能适用于某类具体主题，且假如学员之前做过此类活动，那么本次活动就会失效，正如人们第二次听到同一个笑话时不会再笑一样。而框架性活动有更强的生命力，同样的规则可以多次替换内容后重复使用于同一批学员，学员一般不会反感，有可能还会有所期待。同时，越到活动后面时使用，学员越熟悉规则，越能更快地进入活动内容。

教学母流程 why—what—how—so 四环节中，每个环节在点燃氛围方面的关注点不太一样。如表6-6所示。

- 🔵 why 环节关注的是导入与连接，包括学员与主题的连接、学员与老师的连接、学员之间的连接等；
- 🔵 what 环节关注的是"是什么"的知识的理解；
- 🔵 how 环节关注的是"怎么做"的知识的练习；
- 🔵 so 环节关注的是总结与迁移，包括课程或模块的内容总结、下一步行动计划、结业庆典等。

表6-6　教学母流程各个环节不同的关注点

母流程	why	what	how	so
点燃氛围的关注点	导入与连接	"是什么"的知识的理解	"怎么做"的知识的练习	总结与迁移
方法1	频谱投票	导图笔记	卡片排序	翻牌答题
方法2	bingo 寻人	分享空间	人人教练	一站到底
方法3	是真的吗	多彩气球	小组寻宝	幸运四叶草
方法4	集体创意照	相互出题	超级访问	红绿灯
方法5	天使与国王	隐喻海报	影视新编	洗车领证

我们以横坐标（教学流程）与纵坐标（方法序列）交叉点的方式命名，逐个介绍20个点燃氛围的框架性活动的操作框架。（注意：这些活动不是下午开课前醒瞌睡的纯玩乐游戏。）

why-1：频谱投票

这个活动让学员从踏入教室那一刻起就有事可干。

提前准备一张大图贴于墙上明显区域，里面是本次培训预设的所有要点，可以横向从左到右依次排列，要点的上部分突出，可以提前画淡淡的虚线柱形图，同时提供用于投票的圆点贴或记号笔，让学员在对应要点上做标记。当学员进入教室签到后，带他们到这面墙前，告诉他们这是本次培训涉及的内容，但时间有限不能面面俱到，我们把重点放在大家最感兴趣与最想获得突破的地方。哪里是重点，哪里是非重点，这是由大家一起投票产生的。

当所有人都投票之后，所呈现的这些柱形图正如音乐频谱，有高音区与低音区，课程的重点放在高音区。如图6-10所示。

图6-10　频谱投票

这个投票活动也可以在课程中进行，不一定只是对内容的重点与非重点的选择，它可以用在所有带有个性偏好的选择上。但是，相对来说，越早在非正式情况下进行这样的投票，学员越不会拒绝。这让他们有事可做，而且能让他们在第一时间与主题进行连接，甚至有可能促使他们主动翻看讲义，从而对主题进行提前预习。

why-2：bingo 寻人

bingo 是一种填写格子的游戏，在游戏中第一个成功者以喊"bingo"表示取胜而得名。现在，"bingo"这个单词还有一层意思，是指"成功做到某事而兴奋的叫声"。bingo 寻人活动尤其适用于学员人数较多且相互不熟悉的课程中，这可以让他们在最短的时间内热烈互动。

在 A4 纸上画出多个格子（9个、16个或24个都可以，根据需要而定），每个格子里有相关描述，打印好给现场每人发一张，要求他们在规定时间内找到符合格子里描述的对象并让对方在格子里签名，完成后在转移到下一个对象之前，双方相互击掌并一起大声叫"bingo"。依次进行，在规定时间结束之后，统计所有的签名，多者获胜，通过给予小礼品等方式进行奖励。

格子里的描述根据不同主题与需要随时变换，可以非常有趣，也可以带有一定的隐性调研。我在成都某教育机构课程开发工作坊时使用过一种格子描述方式，仅供大家参考。如表6-7所示。

表6-7　bingo 填写格子游戏

工作第一，生活第二	讲课超过十次	彪悍的人生不需要解释	天蝎座
抖音玩家	麦霸	喜欢韩剧	爱玩王者荣耀
喜欢睡懒觉	喜欢阅读	做培训超过三年	喜欢小朋友
读书时暗恋过老师	怎么吃也长不胖	开发过课程	出门时要照镜子

如果没有提前打印，可发空白 A4 纸，教学员现场折出多个等量的格子，并统一在对应格子里填写规定的描述。当然，这要占用课程更多时间，不过也是临时救急之法。

why-3：是真的吗

这个活动可用于多种情境，这里我们用于老师与学员的趣味连接，是老师自我介绍的变形方式。

在幻灯片上呈现几个与老师相关的词语或描述，请大家猜猜哪些是真的、哪些是假的，可以说出猜测依据。当学员猜测结束后，老师以打钩或打叉的方式公布答案，并适当解释。如图6-11所示。

图6-11　是真的吗

我每次用此方法，都能激起学员的好奇心，学员的参与性也更强了。尤其在"只谈过一次恋爱"的描述中，大家习惯性认为那是假的。无论他们是有推测理由还是故意为之，总之他们参与了，对老师有了进一步了解，老师也给学员传递出一种亲和力。

此活动用于知识的检查或练习也相当不错。

why-4：集体创意照

这个活动用于强化小组的学习共同体意识，让组员更有团队的归属感、荣誉感，也促使小组成员的感情更加亲密。

让学员以小组为单位于课间或午间拍摄集体创意照，并发到相应的微信学习群里。为了给学员更多启发，可提前以卡片的方式打印出参考样式，也可以作为任务书的形式抽签发放。可以规定动作要求，如所有人都睁眼，或者都脚离地，或者都露出牙齿等。

学员提交后，可在课上将卡片投到大屏幕上，让所有人一起欣赏，并做适当点评；也可打印出来贴于墙上，供小组代表进行投票。（随身携带便携式打印机是很有必要的。）

如果学员拍摄时需要老师参与，可以大胆地加入他们，或作为按快门者，或作为成员充数。

此活动如果在户外进行有一定的安全隐患，老师要多提醒与约束。

why-5：天使与国王

此活动用于超越小组共同体的关系，使学员的互动对象不再局限于本小组内成员，全班学员都能彼此进行互动。

给每个学员准备一张名片大小的卡片，有"天使"和"国王"两处需要填写。在第一轮发放时，在"国王"栏里填写自己的姓名，之后回收，洗乱，再随机发放，确保所有人这一轮抽到的不是自己原来的卡片后，就让其在"天使"栏里填写自己的姓名。这张卡片由学员自己保留到最后揭晓时，且不让其他人看到里面的内容。这时大家就形成了互为国王或天使的角色，你知道谁是你的国王，但你不知道谁是你的天使。培训期间，你要为你的国王做五件（根据培训时间长短可灵活调整）好事，并且不能让你的国王识别出你就是他的天使；作为国土，你要随时观察谁是你的天使，最后要找到他，即自己做好事不留名，而对别人一直默默为你服务则不要麻木。好事多种多样，可自行发挥想象力，甚至看到你的国王注意力不集中了可写个激励性字条传递过去。以下是笔者常用的卡片，有正面与背面，背面提供了各种可参考的"好事"，如图6-12所示。

图6-12 国王和天使

此活动经常出现的结果是，吃饭时大家主动交叉到各餐桌服务，端茶、倒水、盛饭、递纸巾，为了不让自己的国王认出自己，要把整桌的人都服务个遍；早上起来开门时发现有自己爱吃的酸奶与面包，并附有暖心话语；甚至有人拿本组所获金币向在别组的国王献殷勤。可在墙上提供一处空间作为天使与国王的开放交流之地，以便利贴的方式进行。

本活动重在过程，课程结束时根据情况对角色进行揭晓，也可继续保持神秘。

what-1：导图笔记

学员的常规笔记往往过于单调。这个活动要把单调的、存在于多页的笔记汇入一张图里，我们可以称其为思维导图，有时候也称其为概念图或关系图。它的特征是所有大大小小的知识点集合于一张平面图里，用不同的形状、线条及箭头相连。思维导图、金字塔图、韦恩关系图、时间轴图、三明治概念图、Office 软件里的 SmartArt 图等都是可选择的笔记方式。老师准备图时，不提供具体内容，只给出大的参考框架的形状及位置，学员需要自行填充内容，形成他们自己的导图笔记。导图的形式根据内容的逻辑关系而定，可以非常自由灵活。如图6-13所示。

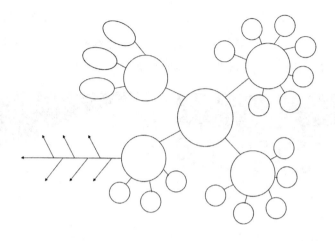

图6-13　导图笔记

老师可以提前准备好导图，打印在讲义中，也可以提前打印线框到大白纸上，甚至只提供空白纸张，由学员或小组现场画出。学员通过自己动手画导图笔记，可以锻炼自己以老鹰的视角审视学习内容。这样对学习内容更容易理解与领会，印象也会更深刻。

what-2：分享空间

严格地说，这不是一个活动，而是一种课堂布置与学习手段，它没有很明确的开始与结束，整个课程培训中都在使用。培训过程中，学员听到某些新知识或概念，无论是老师讲的，还是其他学员说的，或者讲义里延伸阅读的段落里发现的，只要觉得对自己有启发，都可以写在便利贴上，贴到分享空间——墙上某一个开放区域，供所有学员互相学习。当然，有时候遇到疑惑也可以写出来，因为有人看到你的疑惑有可能会提供解决方案。

笔者往往把此分享区域放到各自小组的学习园地里，同时形成小组间的弱性竞争（此处不能过于强调竞争，否则大家有可能为了满足数量而写出很多没用的内容），在最后统分时，经过一定比例换算后汇入小组总分。

为大家提供图6-14两个学习园地案例，供大家参考。

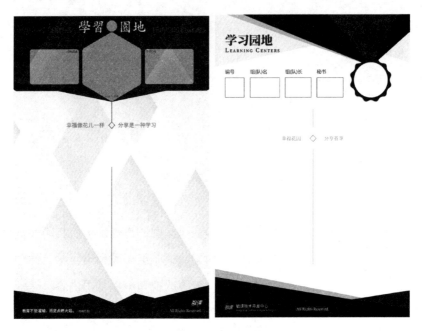

图6-14　两个"学习园地"示例

以上两图中的"分享是一种学习"及"开放空间"所在的位置即"分享空间"。

what-3：多彩气球

这是一个充满惊叫声的刺激性活动，它不只可以在 what 环节中使用，也可以贯穿培训的全流程。

准备好与内容相关的问题并将其分类，可以按讲课顺序的模块分类，每个模块对应一个颜色的气球；将准备好的问题打印在小字条上并塞入对应颜色的气球里,将其吹大;把气球随机存放,当学员进入教室签到后让他们每人领取一个气球,并自行保管,没到时间不能使其爆破。如图6-15所示。

图6-15　多彩气球

之后的环节根据课程推进来进行,当讲到或刚讲完某模块内容时,就可以"解锁"某些颜色的气球了。这时可以让拿到相应颜色气球的人爆破自己的气球,取出里面的字条并回答上面的问题。

为了增加进一步的惊喜与趣味,可以在某些气球里做一些特殊设置,比如,在气球里可以放一些类似"你可以把此问题指派给任意一个人回答""当你回答问题后可指派任意一个人给你揉肩按摩""恭喜你,这里面的钱都归你了"等内容的字条。

what-4:相互出题

准备足够多的卡片(可用卡纸裁剪而成),每组放一些,当完成某一模块或单元的教学时,停下来让学员回忆刚才所学,不一定要说出来,可以对学员说:"对比这些内容,如果要出三道题目,你们会怎么出?题目形式不限,一般有选择、判断、填空、连线、归类、简答、举例、演示、方案设计等。一张卡片写一道题目,根据难度给出相应的分值。"当小组的题目编写完后，交到台上，继续新模块或单元的教学。

当之后的新模块或单元的教学告一段落时，各个小组代表到台上抽取三张卡片，如果抽到本组的则继续抽。这三张卡片里的题目就是本小组要完成的任务。

当所有题目都被回答后，继续给下一模块或单元出题，依此类推。如图6-16所示。

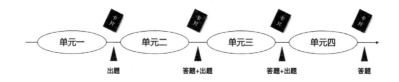

图6-16　相互出题

what-5：隐喻海报

隐喻海报是指以小组为单位，用象征、比喻、类比、故事等方式创造与主题内容相关的海报。我们看某农商行新员工培训时学员的隐喻海报（与合规及风控相关的主题），如图6-17所示。

图6-17　隐喻海报

要相信学员的聪明才智，给他们表现的机会，他们会给你惊喜。

how-1：卡片排序

技能类的内容往往包含着操作某事的步骤，无论是大步骤还是小步骤，都可以分散到独立的卡片上，需要强化练习时，将卡片打乱，发给小组，大家进行排序比赛，看哪个小组又快又准。也可让学员个人上台排序。如果卡片没能提前制作，现场让学员生成（这本身就是一次意义建构的过程），然后在下一次的复习时间进行排序。

how-2：人人教练

当某个技能内容结束后，可在小组里随机抽出一个学员上台对技能进行演示练习，如果涉及多人，则可安排多个学员上台演示或角色扮演。以往这类演示一般由老师直接点评，而这个活动需要找其他小组的一个学员来作为本次演示的观察者，观察后反馈意见，并现场纠正与辅导，手把手教学。这个观察者就是教练。如果配合幻灯片或墙上挂图等标语（指导教练如何反馈与激励），效果会更好。教导别人是最好的学习，这个活动让学员有机会成为教练。

指导教练反馈与激励标语主要有：

- 你做得很好；
- 非常棒，就是这么操作的；
- 对的，你已经完成了80%了，还有20%，离成功很近了，加油；
- 这种方法很好，你还可以试试这样的方法；
- 如果你把第四步改良一下，效果估计会更好；
- 你已经找出了三种办法，想想看，还有其他的吗；
- 让我们检查一下，看看到底哪里出了问题；

♀你觉得这两个方案哪一个更好呢；

♀哇，你真的做到了，太棒了！

这是选择一个学员做教练时的操作，如果让所有学员都来当教练，老师可以在演示结束后依次对其进行点评，也可以让课堂下的所有学员给台上演示的学员填写点评卡（比如包含两个亮点、两个不足、一个建议并签名）。我在培训师讲台呈现技巧的课堂上经常用这种形式，每次学员在台上展示后都能收到广泛的书面点评，这有利于其反思提升。

how-3：小组寻宝

由于寻宝需要较长时间，因此这个活动一般用于课间。

先给每个小组一张清单，列出需要寻找的人员或物品，数量根据时间与寻宝内容的难度而定。在规定时间内完成清单里的所有任务就获胜，或者给每个任务赋分值，完成几个得几分。以下是参考任务：

♀以概念图的方式，画出此主题下相关知识点的关系；

♀在教室外找一个人，这个人要知道与此主题相关的几个重要事实，请写出这个人的名字；

♀通过手机在网上搜索三个与此主题相关的案例，并截图保存，同时写出链接；

♀请小组里的一位成员展示一项刚刚学习的某个技能，展示结束后，请他签名；

♀创作一首诗、一段广告语、一段说唱、一段三句半或口号等，以艺术的方式帮学员记住跟主题相关的要点，并向其他某一小组展示，展示结束后由组长签名并打分；

♀利用任何材料与组合，创作一个3D作品，用以象征你对某知识或技能的理解，给作品起个名，并向大家解释你的创意。

这个活动在多个地方都可使用，只需更改清单内容即可。比如在某次年会上，有些所寻的宝物是一副黑框眼镜、一只袜子、一根皮带、一支口红、一个总经理的签名、一根董事长的头发……

how-4：超级访问

超级访问是以答记者问的方式进行角色扮演。每个小组讨论五个问题，以技能型、可操作的问题为主。

先将问题写在卡片上，选一名成员当"记者"，一名成员当"运动员"，然后开始进行记者对运动员的模拟访问。但不是本小组内部的一问一答，记者可以任选出自己小组以外的"运动员"进行访问，并且需要两人到讲台区域进行。当题目涉及的答案有看得见的操作时，运动员要将其演示出来，可配合夸张的身体动作。

为了达到更戏剧的效果，记者可根据实际情况随机提问（数量要限制），除了问与刚刚学习的技能有关的问题，还可问一两个与八卦娱乐相关的问题。如果被问者不会或不愿意回答，运动员要表现得像个运动员一样，做体验方式的动作（惩罚），比如一次不回答做十个俯卧撑。

其他小组依次进行。

how-5：影视新编

这也是一个角色扮演活动。可以对大众熟知的影视经典桥段进行改编，要求短平快、新奇趣，且务必加入新学习的知识与技能。准备时间不要太多，在确定人物、情节走向、包含的主题内容后，上台即兴发挥即可。

经典桥段可由老师列出清单，小组选择演绎。如这些经典桥段：三打白骨精、唐僧在女儿国、白素贞与许仙断桥相会、三兄弟桃园结义、唐伯虎点秋香、复仇者联盟打 boss、《欢乐颂》里22楼女生的某次卧谈、《人民的名义》里侯亮平搜查赵德汉等。

在上台即兴表演的人员选择上，倾向于表演欲较强、活泼外向的学员。这个扮演活动，即使不提醒，学员往往也会自动融入企业文化元素。那些只有同一企业才知晓的特有的共同话语，让学员之间的文化共同体得到进一步加强，更有归属感。有时候他们笑开了怀，外人却一头雾水。学员能自得其乐，效果就达到了。

so-1：翻牌答题

这是我设计过的活动中自认为效能极高的一个，它灵活、简单、效果好，尤其适合课程或模块包含大量的知识点需要复习的情况。

小组派代表上台回答问题，随机选择要回答的"方块"，点击后，"方块"翻过来（此动作很像翻牌），题目出现，小组代表要在规定时间内作答。大部分"方块"后面是课程要复习的关键知识点，为了增加活动趣味性，有些"方块"后面设置了"奖励"或"地雷"——"奖励"会得到更多的分数，甚至有时候不需要回答问题，而"地雷"则是扣分项目。可根据小组数量及要复习内容的数量设置"方块"的数量。最好在作答前，给所有学员一些时间翻看讲义并记忆。

到底谁能代表小组进行作答？如果是内部自行指派，往往只有被指派的那个人会认真复习。为避免这种状况，我们最好把决定权交给运气（我一般会给小组成员编号，以扔骰子的方式指派），这样公开、公平、公正，在决定谁作为代表之前，所有人都得努力复习与记忆课程知识。

答题一般在 PPT 里进行，在"方块"上单击。该"方块"执行"退出动画"，出现背后的问题——用到了动画的"触发器"功能。

so-2：一站到底

这是借鉴了江苏卫视的答题节目《一站到底》，我们用于课堂回答问题时在规则上可做些改变。这里分享我平时用到的一些规则：

1.每个小组派一名（如果小组数量少可每组派两名）答题代表上台，以划拳或其他快速方式决出胜者。这个胜出者就是接下来答题的第一轮擂主，其他人即为挑战者。

2.在台上，擂主站一边，挑战者站另一边。由擂主挑选他的挑战者，组成两人PK。

3.每一回合PK，由挑战者先回答，如果回答顺利，则下一题由擂主回答。依次进行。如果两人中有人回答失败，则回到座位上，没有奖励，另一人得到一次奖励机会——摇骰子，几点朝上得几分。同时他成为下一回合的擂主，可自由选择接下来的挑战者。

4.依次进行，直到场上只有最后一个人，在他PK掉其他人并通过摇骰子获得分数后，他面临一个机会：接下来连续五道题如果都回答正确，则获得的分数将翻五番；但只要有一题没回答上来，则刚才最后一次获得的分数将被没收。

5.为了降低难度与增加趣味，题目除了包含课程所学的内容，还涉及生活常识、工作方法常识、管理学常识、公司企业文化元素、重大事件或产品信息等。

6.每道题只有20秒作答时间，某些长题目可增加到30秒。在作答时间内，可随便猜，不需要向老师确认，只要其中包含了正确答案的元素即可判定回答正确（一些数字类的题目一出来大家就尖叫了）。

7.答题时其他人保持安静，台下有人帮回答的，对应小组的答题者将失去答题机会，直接下台。擂主没有免答权，也没有场外或场内救助。

题目以幻灯片的形式呈现，为了老师能看清题目与对应答案，可采用"演示者视图"进行播放，俗称"双屏演示"，即学员看到的投影仪内容与老师看到的电脑屏幕是不一样的，老师可以方便地看到下一页或即将以动画的方式出现的答案。如图6-18所示。

图6-18　双屏演示效果

此活动惊险刺激，虽然答题者只是学员中的代表，但每次都揪住所有人的心，尤其在回答最后的连续五道问题时，奖励越大，人就越兴奋。如果想再增加些乐趣，可采用"买马"的方式，这时大家的博弈心理就充分暴露了。

so-3：幸运四叶草

一般情况，每次课程只在最后阶段使用幸运四叶草，用于对本次培训的整体回顾、总结和建构。与一般对知识复习不一样的是，幸运四叶草活动重在把课堂知识进一步升华与内化成自己的，从自己出发对知识进行深层建构，让学习变得有意义。它可以用于个人的建构，也可以用于小组共同的建构，如果时间足够，先个人再小组。

活动规则很简单，用一张大白纸，分出四个区域，可按四叶草的形状，最好有其他更好的创意，分别对课程总结（各三条）：知识回顾、学习感想、发现意义、未来行动。如图6-19所示。

幸运四叶草
总结升华

知识回顾
学习感想
发现意义
未来行动

（各3条）

图6-19　幸运四叶草总结升华

大家发现，这几个问题是4F（实事、感受、发现、未来）套路。具体使用时也可以对某些问题进行个性化调整，比如，我在课程开发工作坊中，有时候会把"发现意义"改成"灌输与点燃火焰的区别"。

鼓励学员在基本形状的基础上进行细节装饰与美化。在我的课堂上，每次这个活动都能收到学员的各类创意。展示完毕后将成果贴于墙上，大家相互学习，学员往往会以小组为单位在这面墙前拍照留念。

so-4：红绿灯

红绿灯是行动计划的一种形象表示。之前我们阐述过联想复盘的四步流程，第四步"总结规律"里有"行动计划"的三个要点：start doing、stop doing、continue doing。它们与满大街的交通信号灯竟然如此完美契合。

- start doing：经过培训后，学员的思想与技能都有所转变，原来没有做的某些事情，接下来就要开始做了。正如信号灯变"绿"，大家要及时行动了。

- stop doing：突然发现以前做了些蠢事，还好培训后认清了这一点，亡羊补牢，犹未晚矣。这些错误之后不能再犯了。正如信号灯变"红"，必须停止。

- continue doing：某些事情原来没想那么多就做了，没想到经过培训后找到了背后的根据，原来这么做是正确的。这下更坚定了信心。这个路口的信号灯一直是"黄"的，它提醒你要自省与优化，而非让你停下来，也不必突然启动。

让学员对着下表或包含这些要素的其他形式填写内容，之后可以邀请自告奋勇者分享他们的行动计划。如表6-8所示。

表6-8　红绿灯行动计划表

信号灯	含义	各三项描述
● 绿	start doing 开始做什么	1.
		2.
		3.

（续表）

信号灯	含义	各三项描述
● 红	stop doing 停止做什么	1. 2. 3.
● 黄	continue doing 继续做什么	1. 2. 3.

如果对此表进行强化，可增加其他内容，比如加上时间期限、见证人、监督人、主管意见等。

so-5：洗车领证

长时间的集训后，发放结业证书或毕业证书会显得更正式，学员的重视度也获得侧面提升。

以小组为单位上台，由领导或老师颁发证书的传统方式太没创意了。如何把课程结尾的证书发放环节做得既有仪式感又不死板，能让人们欢乐开怀，并将培训的情绪与氛围调动到最高峰呢？"洗车"是很好的方式。如图6-20所示。

图6-20　洗车领证

腾出较大的空位，所有学员分两排面对面站立，两排间隔1.5米左右，像水渠一样有出口与入口处。发证书的领导或老师站在出口处，大声念出证书上某个人的名字，此人从位置上退出到入口处，欢乐地跑到出口处领证书，通过时伸出双手与左右两排学友击掌庆贺。这像极了车子到自动洗车间后的样子。往往两旁的人有时候想把车洗得更干净，他们会做些阻挠性动作，增加通过的难度，这是一种亲密的行为，而非有意破坏或中伤。在这种大量身体接触中，人们的感情升华了一个新的台阶。

如果时间来不及，可以这样更快速地发放证书：证书按对应数量反面分配到各小组桌子，学员任意抽取一张，翻开后找到证书上的人并为其颁发证书，其中可以增加些仪式感的语言或动作，如："恭喜你，结业了！"握手、拥抱、双手颁发、合影等。

延伸：学习保持率的实验

富兰克林曾说道："Tell me and I forget. Teach me and I remember. Involve me and I learn." 意思是，告知很容易忘记，教导可记住，而参与才是真正学会。

在《荀子·儒效》中也提道："不闻不若闻之，闻之不若见之；见之不若知之，知之不若行之；学至于行而止矣。行之，明也。"

古今中外的学者，都提到"做"对于学习的意义。在这方面影响较大的是关于"学习金字塔"的实验。据说，学习金字塔是美国缅因州的国家训练实验室的研究成果，它用数字形式形象显示了采用不同的学习方式，学习者在两周以后还能记住内容（平均学习保持率）的多少。原图是金字塔形状，最顶部是得分最少的教学方式——讲授，最下面是得分最多的教学方式——教授他人。笔者觉得这与常规金字塔的理解不太相符，一般应该是越上面的内容越应该被推荐，且用金字塔形式后它们之间的对比性不明显了。于是笔者改成了下面更直观的方式，如图6-21所示。

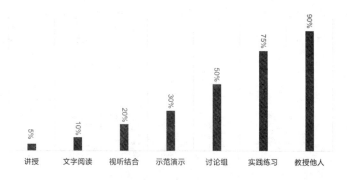

图6-21　不同教学方式带来不同的学习保持率

图6-21从左到右共显示了七种教学方式。分别用这七种方式，经过两周的学习，平均学习保持率最差的是讲授。而讲授也是我们最传统、最常用的一种学习方式，老师讲，学员听，结果学习保持率只有5%。学员自己阅读文字反而比听讲更能提升学习保持率。当辅助图片、声音、视频等媒体时，效果更好。如果老师能示范或演示，则学员的学习保持率会再度增加。但此时依然低于50%，因为前面四种方式对学员来说都是被动学习。从第五种学习方式开始，学员学习变得更为主动，无论是分组讨论，还是模拟演练，都大大提升了学习效率。而最好的学习是教授他人，所以培训后，我们经常鼓励学员积极转训。

这个著名的理论（或假说）自1946年首次提出，目前在互联网上有个别质疑的声音，我们在此不做评判。这个假说之所以如此令大多数人信服并广为流传，是因为它在某种程度上符合人们的常识。我们要注意的是，对于不同的个体，学习风格与习惯不同，结果与统计可能存在较大差异。即便此数据可能只是大致的统计或群体上的平均，也并不影响此理论对选择高效学习方式的重要指导作用。

从学习保持率的实验与理论中，我们至少得到这些启发：

- 点燃学员，让他们行动起来，而不是向他们灌输内容；
- 多采用右边的教学方式，分组讨论、现场演练、学员互教；
- 只要条件允许，都建议分组坐，方便讨论；
- 学员能教别人时，他的收获是最大的，他的学习是建构了的；
- 课程的时间多分配给需要强化练习的重点、难点、关键点；
- 将老师"讲"的策略转变为学员"做"的策略是提高学习保持率的好做法；
- 在氛围"燃"的策略中，设置的任务多包含让学员互教，如邻桌互教、小组互教、班级互教等；
- 与其直接提供信息或答案，不如先折腾折腾，最好让学员觉得是自己发现或推导出的，他们一般不会与自己的数据过不去；
- 成年人的学习大多是智力上的活动与能力上的提升，但对于学习过程，其实他们和孩子差不多，也需要体验。

经过本章的介绍，我们发现，三类教学策略——老师"讲"的策略、学员"做"的策略、氛围"燃"的策略，它们的思想与学习效果保持率理论是一致的。

第七章

表　现　层

情境层
Situation

结构层
Structure

脚本层
Script

策略层
Strategy

表现层
Surface

● 关键任务 ●

美化讲师课件
完善配套资料

任务十 美化讲师课件

　　讲师课件是敏课开发产出的最重要的成果，也是课程实施时需要的最重要的材料。因此，人们常常把课程开发等同于课件开发或做 PPT。这种看法有一定道理。做 PPT 本身是任务过程的外显行为，PPT 作为一个封装性工具，它所承载的信息与指向性多种多样，做 PPT 可以是一项很简单的动作，也可以是一项重大的任务。一个共识是，做 PPT 不仅是表面看得见的动作本身（冰山水面上的部分），更是看不见的思维的整理与封装过程（冰山水面下的部分）。从这个意义来说，表现层前面的四层是难度更大的思维活动层，而表现层任务只是这些思维活动的优雅呈现。

　　任务十主要涉及的是讲师课件的美化问题，对于课件制作的基本流程，我们有一个大致的了解就好。

　　敏课开发中讲师课件制作的基本流程：

1. 预先设定整体模板风格；

2. 按结构图框架顺序填写标题；

3. 完善每页的正文内容（一般信息）；

4. 添加案例、教学活动页（细节刻画）；

5. 优化内容：精简文字、视觉化、主题配色；

6. 在必要的页面添加备注；

7. 检查修正，反复优化。

讲师课件设计常见的五个问题

对于最重要的敏课开发成果，讲师课件的设计有五个常见问题。

问题1：文字不精简

这是最常见的一个问题。没有经过专门PPT设计训练过的内训师，PPT的制作技巧与理念大多来自工作汇报类PPT的借鉴。工作汇报类PPT存在大量翔实的数据，它们是经营层面的表现与总结，这些重要数据在汇报时不能随便精简或省略。

虽然课程实施与工作汇报所用的PPT都属于工作型PPT，其基本理念一致，但它们在细节上是有区别的，相比汇报用的PPT的严谨，课程实施的PPT可以轻松活泼些，使学员保持高兴趣度。但要注意，要将学员的注意力吸引到老师身上，而非PPT上。如果文字充满页面，老师也没太进行拓展讲解，这时的PPT与Word无异，学员心想："我完全没有坐这里听老师念的必要啊，直接发给我资料，回去我可以边喝着咖啡边按自己的节奏学习。"当不能确保老师会发这么详细的资料时，学员会拿起手机赶紧拍下来，希望回头在需要的时候复习，那么现在就可以不用听课了。

作为评委之一，我参加了重庆铁塔内训师的评级活动，发现其中有不少需要纠正的现象。在活动结束前的总结阶段，我向在场的内训师提出一个问题："上课时，讲台上的主角是老师还是 PPT？"有不少人不敢回答，因为拿不准。而有些人的回答是"PPT"。这是明显的认知错误！

培训时，学员是主体，而讲台上的主角一定是培训师，不可能是某个特殊的道具或功能强大的工具。而当我们把课件弄得满屏文字时，学员只顾着读文字了，哪里还有心思关注老师。

重庆某大型汽车贸易公司的总经理要给各分店店长讲课，课件由总经理助理设计，其中涉及的"青蛙效应"的内容，这位助理做的 PPT 页面如图7-1所示。

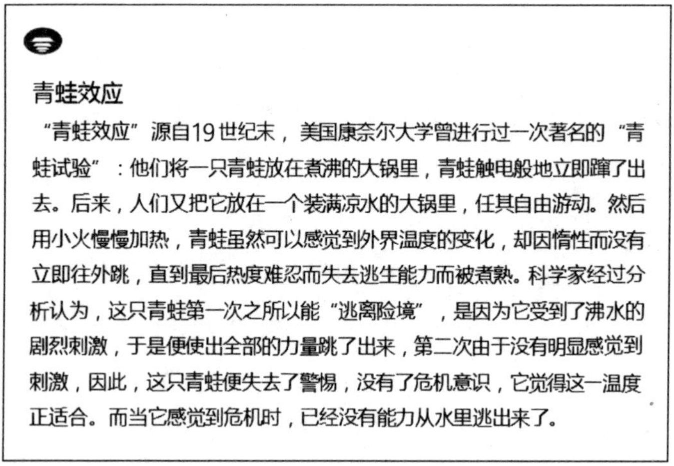

青蛙效应

"青蛙效应"源自19世纪末，美国康奈尔大学曾进行过一次著名的"青蛙试验"：他们将一只青蛙放在煮沸的大锅里，青蛙触电般地立即蹿了出去。后来，人们又把它放在一个装满凉水的大锅里，任其自由游动。然后用小火慢慢加热，青蛙虽然可以感觉到外界温度的变化，却因惰性而没有立即往外跳，直到最后热度难忍而失去逃生能力而被煮熟。科学家经过分析认为，这只青蛙第一次之所以能"逃离险境"，是因为它受到了沸水的剧烈刺激，于是便使出全部的力量跳了出来，第二次由于没有明显感觉到刺激，因此，这只青蛙便失去了警惕，没有了危机意识，它觉得这一温度正适合。而当它感觉到危机时，已经没有能力从水里逃出来了。

图7-1 关于"青蛙效应"的 PPT 页面

看到这样的课件，我们可以想象讲到此内容时会出现的传播冲突：

总经理是对着课件念还是用自己的话讲？学员是自己读还是听总经理讲？无论选择哪种方式，都会带来相应的负面情况。

问题2：重点不突出

有时候面对一些课件，一眼望去，好像哪里都很抢眼，又像哪里都不抢眼，让人不知道先看哪里。这就是重点不突出的原因造成的。我们看下面的两张图，图7-2是原作品，图7-3是我改过之后的作品。

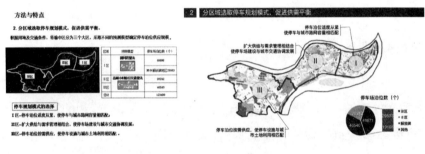

图7-2　修改前的课件　　　　　图7-3　修改后的课件

这是多年前重庆规划局关于渝中区停车方案的汇报，图7-2的重点在哪里？是图片、表格，还是正文的文字？看不出来。规划局的规划是在地图上进行的，这页面的内容也涉及与方位或区域的强相关信息，于是我们把地图放大，使之在视觉上成为一个最重点的内容，让其他内容与重点的内容相关联，但弱化其视觉表现。

每一页PPT应该只有一个主题，这么小的一个页面只能装一个知识单元，非重点内容可弱化或从属化。

问题3：版式不规整

不规整的版式看起来给人的感觉就是"乱"，乱的东西不高档、不稳定、不耐看。市面上有一些风格推崇自由主义，奔放、豪迈、随性、洒脱，也出来不少优秀作品。但我们千万别因此认为自由主义就是完全可以不守规矩地摆放元素。其实，越是使用这种自由主义风格，对于版式设计的要求就越高，因为这种风格稍不留神，就会滑入脏、乱、差的泥潭。我们推荐大家在规划版式、摆放元素时，多按规矩来，该对齐的对齐，该等间距的等间距，这样的作品是安全、稳定、耐看的。

有些页面虽然内容上没有任何变化，只在版式细节上设置得更规矩、整齐，看起来就稳定和专业得多。

问题4：背景不干净

一般体现在两个方面：一是所使用的大背景有复杂的图案，甚至用未适当处理过的相片做页面背景；二是感觉内容少了，空出的地方觉得"浪费"，于是强迫症似的找各种小图案或形状占满空位。这两种做法都给人带来视觉上的压迫感，会影响页面内容的可辨识性。

前文重庆规划局的例子中，修改前的页面背景是带有复杂渐变图案的深色，不仅不够干净，也显得老旧，那是Office2003版本时代常见的风格。

问题5：风格不统一

影响风格的关键要素有整体上主色与辅助色的搭配，页面的版式布局，图片与文字的比例，图片的类型与质量，图形的扁平或立体质感，动画的速度与类型，文字的大小、粗细、字号、间距等。风格不统一让人觉得有违和感。这类问题常常存在于拼凑型的课件中。内容拼凑在一起后，形式也被强硬糅合得不伦不类了。

图7-4是某职业培训师在讲某个课程主题时的其中两个PPT页面。

我发现从颜色、字体、间距、精简度、位置布局上看，这两页都存在很大不同，估计是较低级的拼凑PPT，连形式都不统一。

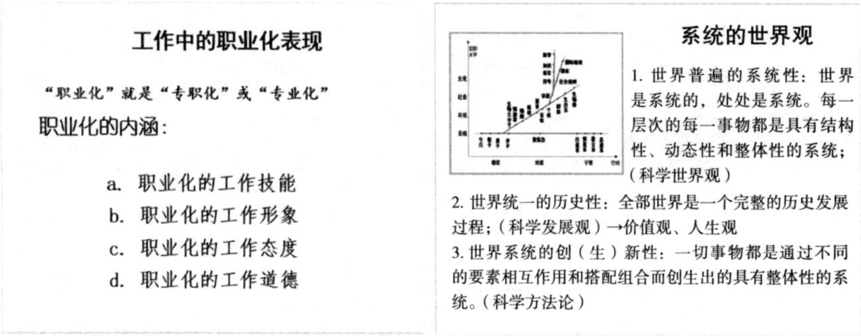

图7-4　两个风格不统一的页面混合在一个课件里

因为我与余世维老师共事过，做过他的助教，所以我对他的课件风格、课件内容都很熟悉。我发现，图7-4中左边的PPT页面来自余世维老师"职业化的养成与塑造"中的一页；而右边的那页PPT所用的字体与我们常规看到的宋体或黑体都不一样，如果你平时留心观察就会发现，这类字体一般在台湾地区用得较多，因此我初步判断这个PPT页面的内容来自一位台湾地区的老师的课件。

显然，这种将其他人的课件简单拼凑起来为己所用的做法是低级的，更是不负责任的。

风格方面常见的问题还有概念图的混搭。有些老师把在各种模板中找到的概念图都添加到自己的课件里，把毛玻璃质感、水晶质感、金属质感、木块质感、古典风格的扁平化质感等都混杂在一起，更别说再加上颜色的杂乱了。类似图7-5中的两页PPT，它们有共同的模板与主色，但其中的内容元素就显得不够统一了：颜色多样、3D与扁平混杂、字体及大小不同、图片的质感不一样等。

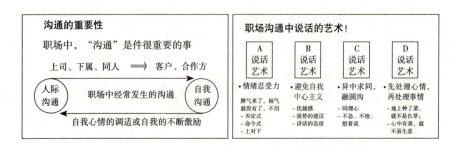

图7-5 概念图混搭的 PPT 页面

把简单的事情复杂化很简单，把复杂的事情简单化很不简单。要想在风格统一上把控性更强，最初的规划与过程的实施就要加强自我克制。

讲师课件设计的三大原则

原则1：一目了然

在培训课上，老师是在现场教学，而不是对原文一字一句地朗读或背诵。老师讲课时的大体思路是提前预设的，但语言组织是现场生成的，细节扩展也要根据现场的情境而互动。这是一个自然的过程。

我曾以评委或辅导者的身份参与过多次讲师评选比赛，无论是企业范围的，还是赛区范围的，甚至全国决赛范围的，都存在一个共同的现象，那就是，学员提前把稿子一字一字地背诵，然后反复练习，现场呈现出一个看起来很自然的"假象"。从比赛的角度讲，这是质量的保证，但回到真正的非比赛课程现场，可不能这么做，因为这样的"表演"是以老师或材料为中心的，不是以学员为中心的。

提前准备语言稿，对于线上课程来说，比线下更能让人接受。但如果仅仅是僵化性讲解，没能根据点对点的"即时思路"灵活扩展，往往也不会出彩。我自己在选择线上课程时，尤其对于较深度技术知识的学习，会优先选择更有血有肉、灵活讲解的课程，即使主讲老师可能某些时候会话语卡壳重复，也不影响他对学习者"即时思路"的引导。

时下流行的教练技术、引导技术、促动技术、私董会等，非常弱化PPT的作用，甚至根本不用PPT，以白板或大白纸方式演绎。最开始一切都是空白的，对学员来说有这样的暗示："我不知道我们的课程成果与质量如何，这需要我们大家一起共同创造。"在老师落笔书写或绘画时，学员的"即时思路"是紧紧跟随的，从而形成了共同的场域。而PPT内容都是提前预设好的，当给学员讨论的时候，学员可能变得慵懒，他们可能会这么想："即使我不动脑、不讨论、不折腾，老师也会在下一页PPT里提供答案的。"这不利于学习效果的达成。

因此，我们建议，将PPT的大段文字变成一句话，一句话变成关键词或关键字，让关键信息一目了然，而具体话术现场组织。同时借助即时生成工具（如白板、大白纸）现场演绎。

> 格调、和谐、风度和节奏之美均源自简约。（古希腊哲学家 柏拉图）

对此，我的操作建议是，只呈现必要的内容，文字提炼关键点，呈现干净简约的背景，标出要点信息（改颜色、加大号、换字体、放远点），务必考虑对齐，等等。

原则2：视觉化

我们已经不是第一次提到视觉化这个理念了，在这里关于课件制作原则上再次强调，足以说明此理念的重要性。这是一个读图时代，无论手机上看新闻、微信公众号上看文章、纸质书的阅读等，我们都喜欢看其中的视觉元素。课件的准备也应如此。正所谓"文不如字，字不如图"，视觉化方法中，图片是最多被使用的，除此以外还可以选择的有颜色、字体、字号、图形、概念关系图、漫画、照片、视频、象征物、摆放位置等。

比如，当你要说明"我们越来越失去个性"的观点时，可以用图7-6来进行视觉表示。

图7-6 "我们越来越失去个性"的视觉图示

我们在策略层学员"做"的策略里引用过虞琳老师的一个案例，那是文字版本的。事实上，在此案例里，虞老师在授课时用的是视觉化后的版本。如图7-7所示。其中的多人多次沟通过程，她在PPT上以图示与箭头表示，配合出现的顺序，视觉化后的版本效果非常好。

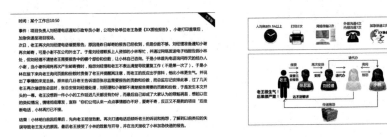

图7-7 案例的文字版与视觉版的呈现效果

视觉化的表现形式有丰富的色彩、多样的形状、SmartArt 等概念图、数据图表、图片与视频运用等。

增强视觉化的理念，需要我们多观察生活，我们身边的大量视觉广告都是优秀的案例，尤其地铁、机场、厕所的指引符号等都是我们学习的对象，值得我们留意。

原则3：实用主义

在一目了然的原则里，我建议大家精简文字；在视觉化原则里，我希望大家能以更便于阅读的视觉方式呈现信息，尤其是视觉化的应用。但我们要注意，不要钻牛角尖，要懂得过犹不及。实用主义原则就是为了平衡这一点而存在的。实用主义提倡用最少的资源代价快速生成实用的结果。

奥卡姆剃刀定律的"如无必要，勿增实体"的理念就是实用主义的表现，意思是切勿浪费较多的资源去做用较少资源同样可以做好的事。条条大路通罗马，但我们不必去论证有多少条，我们去走对自己来说最经济、最省事的一条就好。大家要把精力放在内容的设计与开发，以及教学策略的运用上，而不是花很多时间死抠幻灯片的细节。

假设得到这样的文字，如何变成 PPT 呢：

"某集团未来的战略目标是聚焦港澳地区、内地、国际三地市场，以承建、地产为主业，培育实业、金融投资业务，自然增长、联营合作增长、并购增长三种增长模式并举，实现利润 ××% 增长，成为建筑和地产行业最具影响力和竞争力的国际化公司。"

这是很结构化的纯文字内容，网上有 PPT 高手制作成了图7-8的样子。

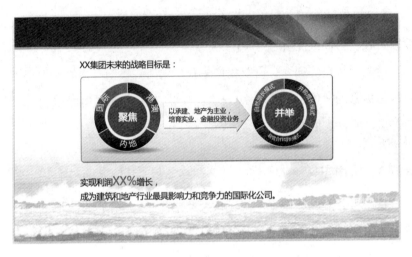

图7-8 网络高手将文字转化为 PPT 页面

确实还是蛮漂亮的，也符合内容的逻辑。但现在问题来了，如果让你动手照抄，你的技术可行吗？就算你知道如何把不同长度的文字转弯、如何进行高级渐变配色、如何绘制出等分的圆环形，以及如何画出高光与阴影效果等，这些花精力的工作你能快速做出吗？

我的建议是，在课程开发的过程中，尤其是前期，尽量少花时间消耗在技术细节上。这样的诉求几乎是共识。

于是，针对上面的文字内容，我用最简单的技术改出了另外两种效果，快速生成，方便修改，不花哨且实用。如图7-9所示。

图7-9 用简单技术做出的 PPT 页面

只要会打字技术，就可以做出这样的效果。这就是实用主义。

乔布斯说过这样的话："一旦做到了简洁，你将无所不能。"所以，他在世时所主导的产品设计，个个都非常简洁，很多产品干脆直接不提供实用的功能，比如 Keynote 软件（苹果系统上的专业幻灯片制作工具，类似 PPT 软件，多用于各大发布会的幻灯片制作）、MacBook 笔记本电脑等。以前，苹果公司无论是硬件还是软件都非常稳定，而现在（自带）功能越来越多，那些不常用的甚至不实用的也添加进来了，加之优化不力，导致无论是手机还是电脑出现频繁的卡顿与无故死机。

有关实用主义原则的使用，还有一点需要特别注意。当下人们学习 PPT 的热情极高，而 PPT 跨越多个领域，比如信息传播、有效沟通、结构思维、市场营销、消费者心理、平面设计等。平时说的学 PPT 有两个层次，一是 PPT 的技术操作，二是影响 PPT 效果的跨领域学科内容。而做 PPT，就是调用这些多领域的技能有效封装自己的内容。我们要分清楚，不被其他旁系领域过度干扰，甚至吓倒，从而滑入做 PPT 的无底深渊，失去使用好 PPT 的信心。记住，PPT 只是个工具，工具即手段，讲求实用。

做 PPT 时，在实用主义原则的指导下，我们可以这么思考：不要低估简单的功能，不要追求华丽的效果，不要专研复杂的动画，不要硬套很多的模板，不要用主题色以外的配色（极少数情况例外）。如此，就好。

讲师课件优化的十个"减法"技巧

技巧一：干净的背景

在做课件时，切勿让背景复杂而喧宾夺主，干净的背景让信息内容更突显。干净的背景在这里有三个层次。

第一层次是纯白底，也是最常用的。上课现场往往受外部光线干扰严重，加之有的投影仪老化，显示对比度下降，用白底黑字高反差效果能保证信息显示的清晰度。通常来说，图片本身的底色多数为白色，置于白色底的幻灯片里，融合得比较自然，不必再考虑抠底。

第二层次是纯色底。某些时候为了突显某些特别页面（比如过渡页、强调页、内容聚焦页等），可用白色以外的其他纯色做背景。

第三层次是半透明底。这也是某些特别页面临时使用的风格。当背景的图片较复杂时，文字信息无法突显，则用一层半透明的色块置于底部图片与顶部文字中间，兼顾背景图片的氛围烘托与文字信息的显示效果。当背景图片的重要性增大且文字信息量不多时，可考虑局部遮挡。如图7-10所示。

图7-10 局部遮挡的PPT设计

当背景图片只是用作营造氛围时，我们还可以将其颜色变成黑白，或者将其虚化、暗化等。

技巧二：正文字体选择非衬线体

衬线体的线条起始两端有装饰，且往往横线细、竖线粗，如宋体、楷体、行楷、隶书、魏碑等。这类字体用于有大量内容的正文时，显得效果不理想。（注意：我们这里讨论的是中文字体，且以电子显示，相对于印刷方式。）而非衬线体很清爽，没有多余装饰，横竖的粗细程度一样，如黑体、微软雅黑、苹方体、冬青黑体、思源黑体等，这类字体很适合电子显示。越是字号小、显示屏幕小，往往越需要用衬线体，所以手机上的系统默认字体是衬线体。其中，思源黑体是谷歌公司与 Adobe 公司联合开发的免费字体，可用于商业出版等。对于一般的课件使用，优先推荐微软雅黑，它漂亮优雅，安装量大，不会因换电脑导致放映时缺失字体。

两类字体如图 7-11 所示。

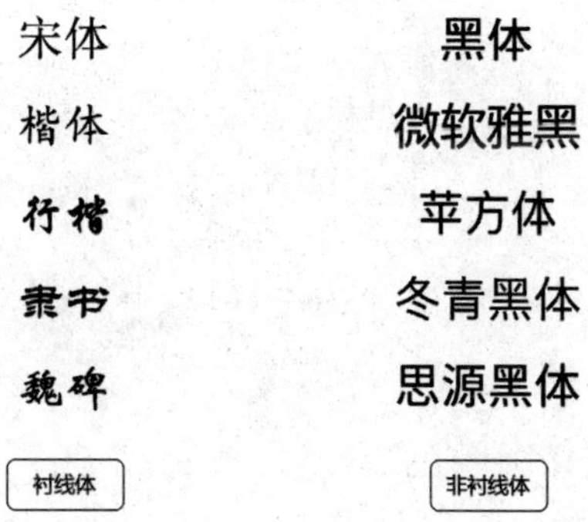

宋体	黑体
楷体	微软雅黑
行楷	苹方体
隶书	冬青黑体
魏碑	思源黑体
衬线体	非衬线体

图 7-11　衬线体和非衬线体字体举例

技巧三：只用主题色

Office 软件内置了一套非常好的配色方案，如图7-12所示。最简单的方式是直接选择自带的某种方案，如果不满足于自带方案，可自定义一套配色方案，成为新的主题色。无论哪种方式，我们要把这些颜色应用到具体对象上时，一定只用主题色，不用标准色或其他颜色，某些极少数特殊情况除外。因为用主题色，可以方便统一管理、统一更新。尤其当从外部复制某些元素过来时，把新来的颜色改成主题色，使色彩搭配和谐，风格统一。

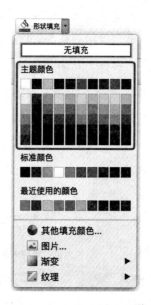

图7-12　Office 软件内置配色方案

技巧四：只用四种文字颜色

主题色由一个主色加其他多个辅助色组成，还有不同明暗度，共同组成很丰富的颜色。除某些特殊的情况外，文字颜色我只推荐大家使用四种，即黑、白、灰，加一种主题色。

黑、白、灰是最经典的颜色，百看不厌，百试不爽。背景是浅色时文字用黑色，背景是深色时文字用白色。当内容重要性下降时，我们以灰色来弱化它的视觉度，比如副标题、解释性文字、装饰性元素等。当需要强调某文字内容时，除了加粗、放大、离得远、变字体、加底色等外，非常有效的方式是用主色突显。

当然，如果你想再多用其他颜色，还有两种颜色可考虑，即主题颜色最上一排从左到右数（最左白色为第一号）的第三号、第四号颜色，这两种颜色相互搭配使用时会非常好看：当底色是第三号颜色时，文字用第四号颜色；当底色是第四号颜色时，文字用第三号颜色。

技巧五：2D 效果 >3D 效果

3D 效果的代表是原先的拟物化风格，而 2D 效果设计效果扁平化。PPT 的设计中，以实用主义为指导原则，最简单但也能达到很好沟通效果的是扁平化的 2D 风格。3D 效果在制作上太复杂了，要考虑光照位置，比如添加高光、暗部、阴影、厚度，尤其倒影效果，会非常费时费力。2D 效果还方便把外部复制来的各类风格统一化。在数据图表的呈现上，2D 比 3D 要更直观，易于对比，尤其当数据量很大时更是如此。除了数据图表的效果，在形状块效果、艺术字效果、SmartArt 效果及用纯色而非渐变效果等方面，也建议选择二维而非三维。

图 7-13 中，同样的数据，换一种表达，尤其是从 3D 转到 2D，会使数据展示更直观。数据的演示千万不要把人弄得没头绪，除非别有用心。

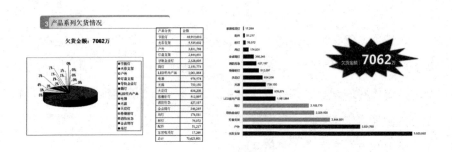

图 7-13　3D 转 2D 的效果对比

技巧六：任何时候都要考虑对齐

　　页面上不要随意安置元素，个性的强调也是有规矩约束的，否则很容易滑入粗劣与低级的境地。对齐有两层考虑：一是元素与元素的上对齐、下对齐、左对齐、右对齐或居中对齐；二是元素与元素间的距离要等同，无论是横向排列还是纵向排列。对齐的使用要考虑全局的平衡，不可一刀切地把所有元素都对齐到一边，使得版面不稳。

技巧七：表格不加竖线

　　正如刮胡子会让人显年轻一样，在不影响内容理解的情况下，去除表格中的竖线能让表格洋气许多。这是很多国外平面设计师的用法。我们会发现没有竖线后的表格其实是多根横线的组合，所以当内容不复杂时，我们可以手动自己画一些横线装饰，也有很好的效果。

　　对比图 7-14 两页修改前后的表格效果，后者给人感觉品质得到了提升，也让人读出了制作者对细节的追求。

敏课开发宣言		
内容领域专家	胜过	教学设计专家
集中开发	胜过	积少成多
可用于授课的课件	胜过	面面俱到的文档
响应变化	胜过	遵循计划

敏课开发宣言		
内容领域专家	胜过	教学设计专家
集中开发	胜过	积少成多
可用于授课的课件	胜过	面面俱到的文档
响应变化	胜过	遵循计划

图7-14　表格加与不加竖线的对比图

技巧八: 图片往往需要裁剪使用

图片的裁剪有三个层次（或三类）。最简单的是第一层次，最灵活的是第三层次。

第一层次只能横向或纵向裁剪。这是我们选中图片后在图片格式菜单里单击"裁剪"按钮得到的，这是最常用的功能。选择后，出现不同句柄，使外框和内图都可以灵活地调整大小与部位。如图7-15所示。

图7-15　横向或纵向裁剪图片

243

第二层次是规则形状的裁剪。在"裁剪"按钮右边下拉小三角找到的，在"裁剪为形状"中选择一种想要的形状。如图7-16所示。

图7-16　规则形状裁剪图片

第三层次是任意形状的裁剪。这是最灵活也很隐蔽的方法。在要裁剪的图片上用任意形状工具（或自由曲线工具）沿着要裁剪的边缘画出一个形状。接下来这步很关键，先选择将要裁剪的图片，按 Shift 键的同时再选择遮罩在图片上方的不规则形状（强调：这里的选择顺序不能反过来），接着在形状格式菜单里的"合并形状"里选择"交叉"。然后，遮罩部分之外的图片内容就不见了。如图7-17所示。

图7-17　任意形状裁剪图片

技巧九：简单进入动画就够了

动画功能分为进去动画、强调动画、退出动画、路径动画，每个类型下都有大量效果可供选择，很多效果也有不同的选择，比如"飞入"动画里可以选择从哪个方向飞入。同一个元素要添加多个动画，可按顺序激活，可叠加同时激活。因此，动画功能可以演化出成千上万种组合，简直可以媲美专业的动画软件了。但我不建议大家学习和使用这么复杂的动画。这些学习成本太高了，效果并不理想，有时候还造成了干扰。所以，我们只需要灵活使用几种常用的进入动画效果就够了，比如飞入、切入、擦除、淡化、淡出缩放。添加动画效果一定不要让元素慢悠悠地动，要快！

技巧十：大胆留白

到屈臣氏去逛一逛，我们会发现这样的大致规律：产品外观包装设计的复杂程度与价格成反比：简约和大量留白的设计会让作品显得高端，而大量元素充斥每个角落的产品会给人拥挤感，甚至让人透不过气，自然只能是低端的代名词。

幻灯片设计与公交站台广告牌设计有不少相似之处：设计比例差不多，都需要快速抓住观众的注意力，都需要运用视觉元素让观众留下更深印象。以下三块公交广告是我上班路上拍到的，我们会发现，最后一张给人的印象最深刻，传达的观点最直接，在技术层面上也是最容易设计的。如图7-18所示。

图7-18　公交站台广告设计对比

最后这张用了白底、对齐、大量留白的设计，制作简单，效果好，加之创意性的文案，让人印象深刻。PPT设计也应如此。

延伸：双屏演示哆来咪

双屏是指有两个屏幕显示内容，实事上 PPT 不只可以同时在两个屏幕上显示，还可以添加更多的屏幕，只是日常培训中我们使用的是连接到投影仪上，实现第二屏幕显示，所以也把这种演示模式称为双屏演示。它可以实现以下功能：

- 让学员看到投影上的内容与你看到电脑屏幕上的内容不一样；
- 可以显示你在备注里写的内容，用于提示要讲的案例或精确的数据等；
- 知道接下来的一页或接下来单击后会出现什么内容，做到自然过渡；
- 方便知晓目前的北京时间，以及讲了多少时间、共有几页、现在到第几页了等信息；
- 可以随意跳转不同的页面，如果时间来不及了，跳着讲，中间省掉的页面也不会被发现；
- 如果要放一段视频给学员看，你可以趁这个时间在电脑上做其他事情，相互不影响；
- 当退出 PPT 演示后，学员看不到你凌乱的电脑桌面及文件，只看到漂亮的壁纸；
- 如果发现了错漏，不必拔掉与投影仪的连接，及时更改补充，并能快速再显示；
- 你可以选择哪些屏幕内容显示给学员看，哪些显示给自己看。

这个功能非常好用，但很多人要么不会用，要么用不好，甚至吃过亏后不敢再用。其实，大家只要记住"一个原理、两个步骤、三个注意"，就可以高枕无忧地使用这一高级实用技法了，而且之后无论遇到什么样的情况，都可以从容应对。

一个原理

当大家外接了第二个屏幕（比如说投影仪）后，它默认在你的笔记本电脑屏幕的右边扩展出一个屏幕来，注意默认的是在右边。

两个步骤

步骤1：设置外接屏幕的显示模式与PPT软件没关系。用快捷键"Windows+P"（按住微软键不放，再按住P键）调出选项，选择"扩展"。如图7-19所示。

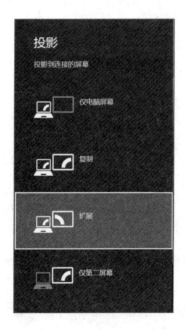

图7-19　设置双屏演示步骤1

步骤2：到PPT软件里设置放映方式。在"幻灯片放映"菜单下的右边，"监视器"选择"监视器2"，并把"使用演示者视图"打钩。如图7-20所示。

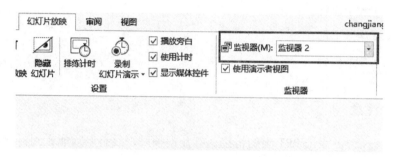

图7-20 设置双屏演示步骤2

如此便大功告成，接下来我们只需全屏放映就可以看到双屏的效果了。如图7-21所示。

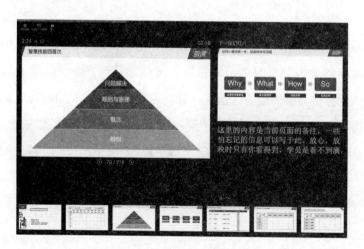

图7-21 演示者视图效果

备注内容怎么写，根据实际需要而定。如果学员都很熟悉了，可以只做简单提示，甚至不写。完整而规范的备注内容一般包含以下要素：

- 教学时间；
- 教学目标；
- 教学流程；
- 注意事项；
- 参考内容。

三个注意

注意1：点击PPT上的链接，打开视频后，只有老师能看到，学员看不到。

有视频要播放，如果是插入PPT里播放的，这种双屏模式下可以安全、快速地播放。如果视频是链接到外部文件用外部的播放器进行播放的，点击链接跳出的播放窗口默认在老师的电脑屏幕上，学员这时看不到。怎么办呢？

回顾前面的原理，外接的屏幕是在你电脑右边"扩展"出来的。当你的鼠标移到电脑屏幕的最右边时，再继续移动，会在电脑屏幕上消失，从投影仪屏幕的最左边出现，你往左边移动，它又出现在电脑屏幕的右边了。无论你的鼠标在哪个屏幕上，鼠标应该有的操作依然有效。明白这个原理后，所有你希望给学员呈现的非PPT上的内容，无论是Word、Excel，还是网页、视频等，都可以直接拖动到投影仪的屏幕上。

注意2：播放PPT时，你的电脑是全屏，而外接屏幕是能看到备注的。这样就"露馅"了。

这时候，你一定是在"幻灯片放映"设置下忘记选择"监视器2"了，退出全屏去重新选择，如此一切就恢复了。

注意3：按了全屏放映按钮后，你的电脑上几乎没有任何动静，但外接屏幕已经是全屏了。

这时候，你一定没有把"使用演示者视图"打钩，确保其打钩了，就会看到演示者视图。如此之后，我们就找不到任何实用的理由不显示演示者视图了，所以，建议大家在任何时候都将此项打钩。

以前听过这样的一个故事：一位老师对自己的课程内容不够熟悉，担心讲漏，做了两份PPT，讲课时用两台电脑，一台给学员看，内容很少，一台给自己看，内容很多，要翻页时需来回不断地操作两台电脑，有时候同步，有时候不同步，弄得一脸尴尬，学员也为其抓狂擦汗……要是这位老师用双屏演示，事情就好办多了。

所以说，技术就是生产力，一点没错！

任务十一 完善配套资料

我们先明确两个问题。

课程教学资料的认知误区。

- 认为课程开发就是做 PPT；

- 贪多求全，但不实用，成了"收藏派"；

- 不切实际，一次就想固化到精确话术，要么难产，要么低水平建设，认识不到试用、评估、反馈和修改是一个反复优化和迭代的过程；

- 重数量轻质量，把文件数当成了成果数，应付交差，甚至把过程文件也统计进来；

- 对很多术语理解差异大，如教学指南、课程大纲等。

敏课教学资料包的一般内容。

我们先看图 7-22。

图7-22　敏课教学资料包内容

通过图7-22可以看出，讲师课件、课程结构和教学指引是敏课教学最重要的三项内容。

讲师课件是敏课开发中最核心的成果，我们一直在构建的内容就靠它来交付。

课程结构是将课程逻辑、模块、教学方式、时间安排等都呈现于一张图中。当自己要对课程预习、复习时，或向他人解说课程时，此图即够。

教学指引是面向课程授课者的说明性材料，类似产品的售后说明书，包含了什么时候传递什么内容、如何传递、预计花费时间、所需要的资源及对应讲师课件里的位置。教学指引是课程结构的进一步深化，包含更多的细节，比如关键性话术等。

课程介绍的撰写要素

在情境层里，我们提供过一个类似的工具——课程开发说明书，它适用于开发前期的文件，属于过程文件，目的是在无开发头绪、不知如何下手的时候提供思考框架的。现在我们完成了课程的大体建设，需要向外描述与推广，这就是课程介绍。它是课程开发的结果文件，目的是让别人了解我们的作品，类似我们要买一部手机，它的官网上会有相关介绍一样。

课程介绍文件一般包含的要素与撰写建议如表7-1所示。

表7-1　课程介绍文件一般包含的要素与撰写建议

内容元素	撰写提示
课程标题	任务化是推荐的做法； 如果较长可以考虑用双标题； 发挥创意，但不要让人看不懂你到底要讲什么
课程背景	从时下的大环境出发； 从企业战略出发； 从与主题相关的痛点出发； 从概念的解释出发
课程收益	可以不必描述具体的表现性教学目标； 可以从认知的角度而非行为的角度描述； 整体逻辑是从整体到局部； 收益与内容的模块相对应
课程形式	如果选择了很特别的教学模式，要着重阐述与强调； 可以是多种课程形式的组合，如"游戏体验＋寓言故事＋职场仿真＋研讨互动＋现场练习＋成果展示"等
课程特色	比如内容上的独创性、教学模式的新颖或授课形式的丰富； 课程的开发者或授课人的资历； 市场的认可度； 课程提供的务实方法与工具更好落地； 拥有课程版权、商标等

（续表）

内容元素	撰写提示
课程对象	课程实际的对象，以及相关要求
课程时间	有些课程有标准版、精简版、豪华版，都备注出来； 要明确具体是多少小时
其他要求	对学员水平的要求，先学习过什么内容、相关资历等； 硬软件的要求，如教室网络、电脑、什么版本的 Office 等； 案例的要求，如带着实际工作的相关任务到教室，以培训带动任务的完成； 作业的要求，如提前看什么书、完成什么作业、通过什么测试等
课程大纲	一般有"前言—正文—结尾"，重点在正文里的模块； 每个模块下的教学逻辑要清晰，最好统一； 重点放在 how 的部分； 具体的方法内容不必很详细，可用数字概括； 如果模块下有相关重要的教学活动也可写出
老师介绍 （可选）	包括基本资质—职业经历—擅长课程—课程特点—服务客户； 可再配一张职业照，以及一些过往培训场景照片

以下是我几年前开发的针对授课类的 PPT 技能提升的课程，作为一个课程介绍样例，提供给大家。

演示管理与视觉化沟通
——21 招提升授课型 PPT 技能
（课程介绍）

一、课程背景

本课程是由 PPT 专家、高级培训师罗长江老师结合多年的使用经验和培训实践，根据目前国内大多数培训师的水平与需求编写而成的，也是书籍《精湛课程开发》中的一部分内容。本课程内容完全从培训师的切实需求角度出发，囊括了在课程开发环节与现场呈现环节经常遇到的各种 PPT 使用问题，并提出了适当的解决方案。

本课程设置的前提是参训的培训师已经拥有了自己所开发课程的思路与结构甚至一些 PPT 课件，所以本课堂现场将不再过多讲述课程开发的构思等过程，而将重点放在有了课程的结构与文字内容后如何落实到 PPT 课件上，如何更好地用 PPT 呈现自己的课程内容。

本课程基于建构主义的教学方法，以学员为中心，以老师为主导。课堂将以实战演练为主，参训者在获得相关的知识与技能后，现场对自己的作品进行修改优化，并且得到个性化的辅导与建议。

二、课程收益

改变对 PPT 的传统认识，以全新的思维和观念制作 PPT；

认清自己以前在 PPT 制作时常见到的错误；

理解作为一名培训师在 PPT 制作上的基本原则；

掌握正确、高效的 PPT 制作与演示的步骤、方法；

能用新的标准与要求对任何 PPT 进行评估、判断、建议；

理清思路，学会逻辑化思考，让你的 PPT 结构更加清晰、有条理；

能运用排版原则、配色技巧，打造精致美观的视觉化 PPT；

能熟悉使用 PPT 在演示过程中的绝招，更好地辅助沟通达成。

三、适用对象

企业培训师、学校教师、经常上台发言并需要 PPT 辅助的管理者；

参训的培训师需拥有自己课程的结构与内容；

参训者须具备一定的 PPT 操作基础与经验。

四、课程时长

精华版：一天（6小时）；

深度版：两天（12小时）。

五、软件要求

课程以微软操作系统的 MS Office2016 版本为基准讲解，参训者请在课前自行安装此版本的 MS Office；

因为各种原因没能安装 Office 2016 版本的，退而求其次可安装 Office 2013、2010 或 2007 版本，千万不要使用 MS Office2003 版本或更早的版本；

请认清是微软出品的 Office 办公软件，而非其他公司出品的办公软件，如 WPS。

六、内容大纲/要点

（一）授课型 PPT 使用常见的 10 个误区

误区 1：过多依赖 PPT；

误区 2：工具落后世界十多年；

误区 3：把做 PPT 当成培训前的所有准备；

误区 4：把 PPT 及其交叉学科相互混淆；

误区 5：把 PPT 当成提词稿；

误区 6：过于追求图片型 PPT；

误区 7：过于专研 PPT 动画；

误区 8：生搬硬套别人的作品；

误区 9：不懂排版，毫无美感；

误区 10：没有预演，台上问题多。

（二）基础招——短时间改善你的 PPT

第 1 招：授课型 PPT 设计的三大原则。

原则一：一目了然；

原则二：视觉化；

原则三：实用主义。

第2招：定义 PPT 的风格。

第3招：精确收集与你的课程相关的 PPT 案例。

第4招：改变行距让文字更容易识别。

第5招：把干巴巴的列表变成可视化图形。

第6招：找图片素材的实用方法。

第7招：怎样又快又好地使用图片。

  技巧一：用形状剪裁使图片使用更艺术；

  技巧二：快速去掉图片上的 logo 等水印元素；

  技巧三：图片的压缩。

第8招：善用多媒体点缀你的课程。

第9招：任何时候都需要考虑对齐。

  方法一：对齐命令；

  方法二：辅助线；

  方法三：表格。

第10招：善用擦除动画。

  情境一：在线条中；

  情境二：在 SmartArt 中；

  情境三：在数据图表中。

（三）提升招——让你的演示更专业化

第11招：高效之源——母版。

  特点一：血脉相连（祖上的基因一定会同步给下一代）；

  特点二：自由飞翔（下一代可以暂时屏蔽祖上的控制）；

  特点三：不忘初心（通过重置可让孩子回到最初状态）；

  特点四：无限可能（灵活应用占位符，自定义祖上形态）。

第12招：让旧的剪贴画重获青春。

第13招：使数据图表化。

第14招：善用线条辅助排版。

第15招：如何打印及制作讲义。

第16招：被问要课件怎么办——如何保护文档。

　　建议一：PDF 讲义；

　　建议二：将内容转成图片；

　　建议三：加密。

第17招：上台前的检查。

第18招：演示设备的接口及无线演示。

第19招：演示时的实用快捷键。

第20招：除了 PPT，还有什么演示可用的工具。

　　工具一：Keynote；

　　工具二：思维导图；

　　工具三：Prezi。

第21招：双屏演示（让你的电脑屏与投影仪显示的内容不一样）。

　　一个原理；

　　两个步骤；

　　三个注意。

七、讲师介绍

（略）

　　写课程介绍时要清楚课程内容的对象是谁，是给培训管理者看的还是给学员看的，或者两者兼有。我们要从对象关心的内容与心理期望出发，随时以用户为中心，设计用户体验。

从讲师课件到学员讲义的快速实现技巧

学员讲义是课程实施现场发放给学员配合听课用的装订资料。国外很成熟的版权课程因为运作多年，课程多次升级后已经很稳定，学员讲义几乎可以大批量印刷，不必每次都定制更新；其中的内容也更丰富，比如使用说明、讨论案例、工作表单、延伸阅读等。而内训师的敏捷课程开发强调快速生成，每次授课的内容都可能有一些调整或升级。为了适应这种变化，学员讲义的更新速度也要加快。最实用的办法是，去掉讲师课件里的一些内容后，变成学员讲义。

这个思路简单，但往往在实际操作时很容易出现问题，相关注意事项如下：

- 千万不要把讲师课件不做处理，原样打印作为学员讲义；
- 可删除的页面或内容有：不重要的说明、大量的案例图片、为示证观点而用的正反实例、一些细节刻画等；
- 要保留关键性知识点内容，但可以让某些项目镂空，需要学员课程现场认真听讲读写，但不要镂空过多，否则学员现场记笔记太多，就有了负担；
- 一页 A4 纸上最好放两张幻灯片，因为学员手写字号较大，所以要为其留有足够的空间；
- 如果讲课课件有元素重叠（演示时因为设置了动画而感觉不到重叠），需要移开元素，不能相互遮挡；
- 如果需要在讲义页面上添加 logo 或课题名等信息，从视图菜单中的"讲义母版"进去设置；
- 不要用导出功能下的"创建 PDF/XPS 文档"这种方式生成 PDF

格式讲义，而要用"打印"功能（Windows 系统下的快捷键是 Ctrl+P，Mac 系统下的快捷键是 Command+P），这样才可以选择导出的颜色模式，再打印到（或存储为）PDF 格式；

● 如果不是彩色印刷，为了更好地让学员在干净清爽的讲义上做笔记，颜色模式要选择"黑白"。如图 7-23 所示。

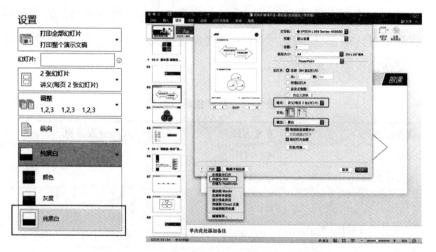

图 7-23 非彩色印刷的讲义颜色设置模式

在导出时有"创建讲义"这个功能，请不要选择，它创建的是 Word 格式的讲义，对于培训师来说这个功能是"食之无味，弃之可惜"的鸡肋，远不如 PDF 格式的讲义实在。其他地方如果推荐用这个功能的，都是不了解培训师的真正使用习惯。

延伸：教学指引五线谱

在情境层中提供过的工具——课程开发说明书，往往是开发课程前让开发人员做的初步构想，属于过程文件。而此时已经走完所有的关键开发环节，需要一份指导授课人员的授课指南，"教学指引五线谱"就是这样一份用于备课的结果文件，如表7-2所示。所要填写的内容在课程开发过程中都已生成，这个工具更像是把关键性指引集合到一处，且把某些隐性的话术显性化。

表7-2　教学指导五线谱

课程标题			开发人员			开发日期	
课程背景			课程目标				
课程对象			课程时长				
内容线			方法线				
主模块	子模块	教学方法	操作指引（过渡语/画外音/关键流程/注意事项等）	时间线	资源线	幻灯线	

要点说明：

1. 内容线中的主模块对应开场、前置性知识、各大模块、结尾，而子模块对应教学流程 why—what—how—so 及其要点；

2. 方法线中的教学方法对应三类教学策略下的各推荐方法，操作指引是对此方法的进一步说明，使之更有指导性；

3. 时间线描述对应内容预计花费的时间分钟数；

4. 资源线是对应教学活动所用到的物品及要求，如大白纸、A4纸、活页案例、测试题、活动卡片、挂图或模型等，不必填写电脑、PPT、翻页笔等这类一直在使用的工具，如没有特别的物品要求可不填写；

5. 幻灯线是此内容或教学活动对应讲师 PPT 的单个或多个页码；

6. 填写的条目可根据课程情况自行增删，灵活调整。

第八章

成果评估与迭代

情境层
Situation

结构层
Structure

脚本层
Script

策略层
Strategy

表现层
Surface

教学设计效果评估的3E依据

教学设计大师、《首要教学原理》的作者梅里尔先生，一生致力于设计3E课程的理论与方法研究，我们在此把3E用于评估教学设计效果的终极目标与关键依据。这三个维度包括效果好（effective）、效率高（efficient）、参与度大（engaging）。

如果把教学设计比作医生为病人配药：效果好是指所开的药能解除病人的痛苦，疗效好；效率高说明能用一个疗程搞定的疾病就不必开两个疗程的药；参与度大要求在疗程期间病人不抗拒治疗，药的形状、味道、用法人性化，过程体验好，病人乐于接受，当看到自己的病好转时进一步强化了参与度。

教学设计好不好，关键从学员的角度出发，一看是否解决了问题，原先不会的知识在课程结束后是否会了，原先不熟悉的知识在课程结束后是否熟练了；二看达到同样的效果所投入的人力、物力、财力是不是最少的，是否占用了学员较少的时间；三看教学过程中学员是否主动参与、积极配合，是否开放自我并乐于与他人交流想法。

敏课四阶评估循环圈

敏课开发的5S模型中，按随时评估的原则，经过情境层、结构层、脚本层、策略层、表现层的任务开发，课程从无到有，从0到1。当完成表现层的任务，此时的课程是1.0版本。敏课开发的理念是快速生成、不断迭代，在当前版本到下一版本的迭代中，伴随着四个阶段的评估，它们是不断循环、螺旋上升的过程。如图8-1所示。

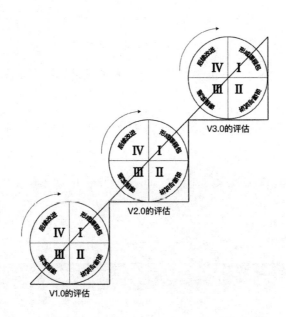

图8-1 敏课开发迭代的四个阶段的评估

一阶：形成课程包时的评估

此阶段课程 1.0 版本新鲜出炉，我们需要对课程资料包进行评估。此阶段主要是由开发人员自我评估，有条件的话也可以把课程资料包发给该领域内容专家或教学设计专家进行评估。要注意，此时评估的载体是静态的资料包，所以当让开发人员以外的专家进行评估时，因为缺乏说明性文档与及时的动态反馈，评估专家对材料的推测会出现较大偏差，往往难以保证评估的公正性。

二阶：说课与试讲时的评估

经过一阶的自我评估，课程的某些细节得到了修正，但由于开发人员自身经验与能力的限制，可能存在不少过度乐观估计的情况或设计盲区。这时候就需要专家的介入，并且评估的载体从静态的课程包到了动态的说课与试讲。企业的内训师讲课大赛或课程开发大赛就是这个阶段评估的表现。

说课是向专家或企业领导说明所开发课程的基本情况，类似于推销，以求获得认可或采购，当然也会得到课程优化方向的建议。说课的逻辑顺序可以按教学母流程的 why—what—how—so 进行。如表 8-1 所示。

表 8-1　说课的逻辑顺序

流程	逻辑	要素
why	为什么要开发这门课程	课程背景、针对问题、重要性、必要性等
what	这门课程包含什么内容	模块设置、逻辑顺序、开头结尾、主要观点等
how	如何上好这门课程	实施形式、教学策略、关键单元的教学活动等
so	如何促使这门课程落地	前后安排、工具表单、资源配置、亮点特色等

说课重在说明课程设计背后看不见的逻辑，在短时间内用我们的设计理念打动别人，并说服其"采购"我们的设计作品。

而试讲是找到课程内容结构中的一个知识单元或知识点，把在场的观众当成模拟学员，做一次仿真性授课。虽然试讲不能对课程的全部内容进行考查，但这种管中窥豹的方式效率很高，实用性强，被很多企业接受。

三阶：课程实际实施时的评估

课程在实际实施时，由内容专家或教学设计专家随堂听课，并记录教学实施的关键做法，之后生成改进报告或开展总结会，有时会配合现场录像。这种评估方式花费时间多，实施难度大，但却是非常有效且接地气的做法。学员的满意度调查结果也是有力的参考。

四阶：后续改进的评估

经过实际授课后，开发人员对课程应该优化与调整的方向更加清晰，这就进入后续改进阶段。后续改进阶段是个长期持续改进的过程，一般来说没有清晰的时间节点，以开发人员随时自发地评估与改进为主。这个阶段可进行的动作有知识点老化审查、案例的与时俱进、多媒体的补充、统计数据的更新、教学方式的灵活调整、教学材料的进一步美化等。这一阶段的驱动因素重在开发人员的责任感与使命感。（"孩子"是自己生的，理应倍加呵护，使其苗壮成长。）

敏课成果五维评估检查清单

敏课开发的每个阶段的评估具有各自的侧重点，尤其在静态的评估与动态的评估中，这种区别更明显。不论哪个阶段、哪种形式的评估，除去内训师演绎差异的成分，就其课程本身的教学设计来说，都可以从5S模型的五个维度进行，从而使评估更全面、更理性。

以下检查清单适用于不同阶段的教学设计评估维度与指标。如表8-2所示。

表8-2　敏课成果五维评估检查清单

层级	维度	编号	参考指标	底线	权重
情境层	需求理解	1.1	课程覆盖企业在该领域的主要需求及业务痛点		5%
		1.2	课程聚焦学员的问题，关注学员的实际任务，并且难易适中		5%
		1.3	教学目标设置合理，不过高也不过低，可达成性强		4%
		1.4	教学目标描述清晰明确，不含糊空洞，可评估性强		4%
结构层	逻辑框架	2.1	课程整体结构逻辑清晰，章节层次划分合理，章节之间既有连贯性，又有独立性	√	5%
		2.2	章节下的知识单元/知识点之间层次清晰，衔接流畅，符合人们的认知习惯，易于理解，便于记忆		5%
		2.3	精心安排课程开场导入，不直奔主题，也不啰唆拖沓，能有效吸引学员的注意力	√	5%
		2.4	课程结尾有总结提炼，引导学员回顾关键知识点		4%

（续表）

层级	维度	编号	参考指标	底线	权重
脚本层	知识内容	3.1	课程包含的知识量合理，内容安排张弛有度，主次分明		5%
		3.2	知识内容符合普世价值观，且有一定的理论或实践做背书		4%
		3.3	关键性的知识单元／知识点能提供方法、工具（如清单、模板等），而不只是一般原则的讲解和要求		4%
		3.4	关键知识点有一个或多个案例支撑，案例与知识点的契合度高，并结合课程内容分析与解读	✓	5%
		3.5	能从多个角度、多个情景、多种形式阐述关键知识点，辅助学员理解		4%
策略层	教学手段	4.1	内容讲解有互动性，至少每半小时有一次互动或学习方式的改变，能以多种方式启发学员的思维		5%
		4.2	每节课安排一次到两次的研讨或演练形式的教学活动，活动安排的节奏要有张有弛，活动任务设计合理，与该章节主要内容契合，并给学员足够的时间行动，老师能结合课程内容进行分析、反馈	✓	5%
		4.3	考虑到学习的社交性，设计了连接人与人之间关系的活动，促进友好学习氛围的营造		4%
		4.4	在教学全流程，充分考虑学员的参与性，设计了能提高学员行动热情的活动		4%
表现层	学习材料	5.1	材料整体风格统一，配色合理，信息易识别，且风格符合公司文化		4%
		5.2	页面排版美观，控制文字的总量，忌大段文字堆叠（特定模型、模板、案例、活动说明等除外）	✓	5%
		5.3	合理使用图表、图片、图示等视觉化元素呈现恰当内容，不出现和内容无关的元素	✓	5%
		5.4	提供教学指引或幻灯片备注，描述讲师在授课中的要点信息、关键行动、时间安排、重点讲述、扩展案例等，而且提供的指导清晰明了，初次授课者可直接依照实施		5%
		5.5	其他细节，如：专业术语的解释并说明出处、文字材料无语法错误、图片视频材料的清晰度、附件活页的设计、材料的打印说明等		4%

使用说明：

1. 此清单用于指导开发人员更好地进行课件开发，并适用于课件完成后的各阶段总结，尤其适合一阶段的课程资料包自检及二阶段的说课与试讲评审；

2. 自检得分低于总分的80%的为不通过，需要修改后再提交评审；

3. 底线项目为必需要求，若未满足则直接判课程成果不合格，需要修改后再提交评审；

4. 此清单在静态评审与动态评审时可考查的侧重点有所不同，针对不同阶段与形式的评审，在某些描述上可灵活调整使用。

延伸：以敏捷迭代的思维向精品进化

经过四阶五维评估，课程成果从 V1.0 到 V2.0，再到 V3.0，不断迭代，这是一个向精品进化的过程。那什么是精品课程？什么时候能成为精品课程？市面上常听到的精品课程又是否有标准呢？

这是非常严肃又很难回答的问题。接下来我们试图做些阐述，以理清对"精品课程"的认知。

"精品"意味着最纯粹的等级、最上乘的作品

从动态的角度看"精品"，它是一个相对的词。在纵向的时间维度里，精品是自己与自己比较后获得的暂时性属性。通过评审，课程得分越高，迭代的版本越多，表明课程越精品。

正如"觉醒"一词的阶段性否定一样，"精品"也面临阶段性否定的现实。一个人第一次觉醒后到第二次觉醒之前的中间阶段，相比第一

次觉醒前，他是觉醒着的，但相比第二次觉醒，此时他是沉睡着的。课程是不断变化发展着的，如果到了某个版本时我们说课程已属精品了，但从下一版本再看时，当前版本并不算精品。所以，"精品"的状态是不存在的，如果说存在，也是暂时性的。从课程的角度出发，与其说"精品课程开发"，不如说"以追求精品的精神开发课程"更准确。精品之路就是不断自我否定、挑毛病的进化过程。

从静态的角度看"精品"，它是自己与别人的横向比较获得的相对属性。在某次评审或比赛中，课程排名越靠前，表明其质量越好，这些上乘的作品就是这次活动的精品。

画家创作了不朽名作，这些精品已经成了经典，经得起时间的考验。课程开发人员要想开发出精品课程，需要从多个角度努力。就质量而言，我们可以通过人、机、料、法、环五个要素进行考查，并向创作出不朽名作的画家学习。

影响作品质量的五个要素与要求，如表8-3所示。

表8-3　影响作品质量的五个要素与要求

要素	画家绘画	对课程开发的要求
人	往往从小就显示出极高的天赋，并经过长年累月的严格训练，技艺娴熟；对从事的事业极度热爱，对作品精益求精	务必是所开发课题领域的专家，有丰富的实战经验与较强的理论基础；热爱自己的事业，喜欢把事情做到完美
机器／工具	熟悉的笔、刀、架子等	熟练掌握的电脑、PowerPoint、Keynote等
材料	上等的画布、颜料、生活阅历、创作的故事性、主题的选择等	对课程所包含的知识内容及案例、图片、视频的选用很讲究，精挑细选，使课程看起来经典又有新意

要素	画家绘画	对课程开发的要求
方法	以娴熟画法与操作手法进行创作	选择合适的开发模型为指导，熟练使用课程开发方法； 对课程应该选择的教学模式、教学策略、教学手段胸有成竹
环境 / 市场	人们对艺术的欣赏及对匠人的尊重，为画家绘画提供了良好的社会环境；作品创作过程及保存也需要适宜的温度、湿度等物理环境支持	市场需求旺盛、企业高度重视、学习氛围浓厚等因素保证了课程的生命力； 还需要课程的包装与运营支持，比如定位、标题、资料包装、统一风格、专属logo、版权保护、独特商标、配套书籍、更新速度等

为课程配套专属 logo 逐渐成为一种时尚。一般的内部课程不需要包装到包含课程 logo 的程度，但当课程被选为精品课程在内部与外部做大力推广时，为课程匹配专属 logo 会给传播效应加分。在与华为合作的课程开发项目中，我为其管理培训部门下最主推的四大类项目（高级管理研讨班、高潜管理研讨班、项目管理特训营、集客精英特训营）设计了四个 logo，并生成中文与外文版本，不但方便了在华为全球 29 个培训中心统一使用，还为课程的品牌传播助力。

和任何作品一样，虽然影响课程质量的考查要素有五个，但核心要素都是"人"。因此，自我修炼才是产生精品的终极变量！

化繁为简的 PointPower 思维

我用过两支电动牙刷，一支是飞利浦的，另外一支是其他牌子的。外观上看，飞利浦的设计有些曲线的造型，另外一支看起来简约得多，纯白色的外观显得很漂亮；它们都附带充电基座，飞利浦是有线的，另外一支是无线的（有插头）；牙刷头部件几乎一样，甚至可以拔插互换；旅行携带方面，飞利浦没有提供专门的盒子，而另外一支有，且整体较轻，携带方便；振动模式上，飞利浦刷牙一次是2.5分钟，分六个阶段，前四个阶段各30秒，对应上牙外侧、上牙里侧、下牙外侧、下牙里侧，最后30秒的振动频率不一样，是美白专用的，对应上牙前部外侧15秒、下牙前部外侧15秒。而另外一支刷牙一次是2分钟，对应飞利浦的前四个阶段，振动频率有点像飞利浦的美白模式。它们的价格差别很大，飞利浦是另外一支的三倍多。这么对比下来，人们会觉得非飞利浦的这支太有竞争力了，物美价廉。

而我体验后感受完全不一样，其中两个"不起眼"的小细节让我觉得飞利浦的设计功底很深厚。我在使用飞利浦时几乎每次都刷满2.5分钟，因为我总想等待最后那频率不一样的30秒的到来，它是美白专用的，为了美白多等一下又何妨！而用另外一支，虽然每次只有两分钟，但我常常是一分钟左右就胡乱刷完了，它的频率一直不变，还没有美白模式，让我没有对最后的期待，赶时间的时候，用这支牙刷很考验性子呢！另外一个细节是飞利浦的充电基座有一个突起，刚好契合牙刷底部的一个小凹槽，每次使用完放到基座上会很稳当。而另外一支基座是平的，每次放置时随手放就好，虽然方便很多，但也有巨大的风险，如果不小心碰到便很容易倒，从高处摔下，容易摔坏。我用的这支就是这样结束了它短暂的生命的。

我想说的是，把简单的事情复杂化很简单，把复杂的事情简单化很不简单。化繁为简、删繁就简的提法很简单，而面对具体的事物，删什么、留什么、强化什么则很难，也很关键。

敏捷的观点不是需要什么就学什么，不需要什么就删除什么。表面的低水平重复建设，长期看来，成本大得多。只见树木不见森林的做法不利于我们能力的提升。在关键处要弄清楚背后的逻辑，搞清楚驱动因素，才会豁然开朗，胸有成竹。对于一个影响大的任务或项目，敏捷的前提是长远的眼光与系统的思维。基础思考够多，后期修改才少。

有生于无，认知的变化带来行动的变化，行动的变化带来能力的变化，能力的变化决定未来任务的解决。

道生一，一生二，二生三，三生万物。（老子）

Learn how to see. Realize that everything connects to everything else.（学会如何去看。认识到一切都与其他事物联系在一起。——达·芬奇）

培训师的习惯，就是经常思考，思考身边的事，思考事物背后的逻辑，思考事物的联系。对于很多事情，我在几年的思考中，得出了一个简单的自然逻辑，我用一个自创的新单词表示——PointPower。（没错，它是微软演示工具 PowerPoint 反过来的写法。）它的字面意思是，present a point，than make the point powerful。（估计你已经想到了一般信息与细节刻画。）

point 翻译过来的意思有：点，要点，得分，标点；指向，削尖，加标点于，指路，指向，表明。

（-s）特点，重点，道岔，转辙器。

（-ed）尖的，尖锐的，严厉的，直截了当的，突出的，显然的。

（-ing）勾缝，弄尖，指示，磨尖。

（~ out）指明，指出，把注意力引向，提示，点明。

power 翻译意思有：力量，动力，功率，功力，能量，能力，政权，权力，强国，大国；运转，用发动机发动；使有力量，靠动力行进，快速行进；权力的，机械能的，电动的，用电力或动力发动的。

（-ful）强大的，权力大的，药有效的，很，非常。

（-ed）有动力装置的，用动力推动的。

我不知道用哪个中文词语描述 PointPower 这个新单词，它暗含的哲学思想比较直观，却难以名状，于是，我们用以下五样物品来辅助理解。如图1所示。

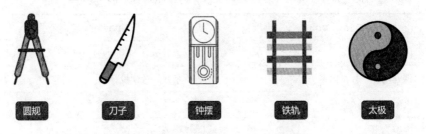

图1 描述 PointPower 的五样物品

圆规。point 相当于圆规的一个定点，power 是另外一只向外伸展的脚。当 point 支点已经固定的时候，增加效果影响力的简单方式是打开角度，把 power 的脚伸长。

刀子。point 是刀刃，power 是锋利，它们共同对外发挥刀子的作用。可以说它们是形与神、肉体与灵魂、宿主与寄生、先来与后到的关系，虽然并不完全准确。

钟摆。point 与 power 代表着钟摆的左右两极，它们时常动态转化，且当一方能量增大时，另外一方能量也得到了加强。

铁轨。point 与 power 相当于两条平行线，永远不会交叉，却相互对应，相互需要，且互为补充。

太极。point 中有 power，power 中也有 point，不存在绝对的划分界线，它们之间是和谐与平衡的整体。

PointPower 的思维，至少包含圆规思维、刀子思维、钟摆思维、铁轨思维、太极思维这五种。

回顾我们在课程开发上所走过的路程：5 个层面、11 个关键任务，每个任务下的多种方法与工具。这些过程，如何体现了 PointPower 思维呢？我们做一些列举，如表 1 所示。

表 1　PointPower 思维在敏课开放过程中的体现

point	power
内容领域专家	教学设计专家
课程内容、教学内容	课程形式、教学设计
教学设计，内容开发	教学实施，上台呈现
内容为王	情境为魂
以学员为主体	以老师为主导

（续表）

point	power
ADDIE 之 ADD 部分	ADDIE 之 IE 部分
情境层、结构层、脚本层	策略层、表现层
情境层、结构层、脚本层、策略层	表现层
规划主体框架	设计首尾流程
开发一般内容	刻画信息细节
老师"讲"的策略、学员"做"的策略	氛围"燃"的策略
做课件前的思考整理	把课件做出来，做漂亮
美化讲师课件	完善配套资料
确定教学目标	匹配教学策略
萃取经验、案例开发、静态整理	内容包装、材料制作、动态传达
一般信息	细节刻画
文字内容	视觉化
结构化思维	视觉化表达
呈现新知	示证新知
有用，有料，有干货	有说，有笑，有参与
隐性思维显性化、复杂的思维简单化	理性思维感性化、抽象思维具象化
金字塔原理、思维导图、老鹰视角	故事设计、版式设计、呈现设计
观点、知识点、知识结构、观点单元	证据、示例、操作、体验、情境、包装
目的、长久知识	手段、过程辅助
点	燃

　　以上只是列举了 PointPower 思维的一些具体实例，读者朋友只要是个有心人，就会发现还有更多地方遵循 PointPower 思维，且它不只是

存在于课程开发或教学领域，把眼光放得更远些，我们再看一下 point 与 power 在培训以外的其他领域中是如何对应的。如表2所示。

表2 PointPower 思维在其他领域中的体现

	point	power
沟通	目的、目标、焦点、观点	手段、过程、场域、方法、技巧
信息传递	内容、观点、数学式、理论、抽象、概括性	情境化、具体场景、现实举例、故事
演说	听众分析、内容要点、结构安排	故事板、视听辅助、上台呈现
时代特征	奥卡姆剃刀、断舍离、精要主义、极简主义	图像时代、视频时代、传播技术、注意力经济、用户体验
文质彬彬	质朴	文饰
餐厅	吃饱、味道	环境、方式、特色、营销等
创意思维	box	out of box
营销	《定位》	《视觉锤》
柏拉图哲学	理念的世界	感知的世界

了解背后的规律，抓住关键点，我们会看到很多事情的底层逻辑其实是相通相连的。就像我常说的，只有打通了任督二脉，才能进入自由的王国。这也是本书的任务：以结构化的内容编排，手把手教你用结构化的方法，一步一步开发出结构化的课程，并试图帮你打通在此领域结构化思维的任督二脉。

这本书到这里就要结束了，跟着书稿的思路一路去来，我们经历了"昨夜西风凋碧树，独上高楼，望尽天涯路"与"衣带渐宽终不悔，为伊消得人憔悴"的两重境界，我希望大家在读完本书并将其应用于你的开发任务时，能达到"众里寻他千百度，蓦然回首，那人却在灯火阑珊处"的境界。

参考文献

1. R. M. 加涅，W. W. 韦杰，K. C. 戈勒斯，J. M. 凯勒．教学设计原理（第五版）[M]．皮连生，庞维国，译．上海：华东师范大学出版社，2007.

2. W. 迪克，L. 凯瑞，J. 凯瑞．系统化教学设计（第六版）[M]．皮连生，庞维国，译．上海：华东师范大学出版社，2007.

3. L. W. 安德森．学习、教学和评估的分类学[M]．皮连生，译．上海：华东师范大学出版社，2008.

4. M. 戴维·梅里尔．首要教学原理[M]．盛群力，钟丽佳，译．福州：福建教育出版社，2016.

5. Jesse James Garrett．用户体验要素[M]．范晓燕，译．北京：机械工业出版社，2011.

6. 张春兴．心理学原理[M]．杭州：浙江教育出版社，2012.

7. 奥托·夏莫．U 型理论[M]．邱昭良，王庆娟，陈秋佳，译．杭州：浙江人民出版社，2013.

8. 芭芭拉·明托．金字塔原理[M]．汪洱，高愉，译．海口：海南出版公司，2013.

9. 布鲁斯·乔伊斯，玛莎·韦尔，艾米莉·卡尔霍恩. 教学模式（第八版）[M]. 兰英，译. 北京：中国人民大学出版社，2014.

10.段烨. 培训师21项技能修炼（上）：精湛课程开发[M]. 北京：北京联合出版公司，2014.

11.段烨. 学习设计与课程开发[M]. 北京：电子工业出版社，2015.

12.张庆林. 当代认知心理学在教学中的应用[M]. 重庆：西南师范大学出版社，1995.

13.朱德全，易连云. 教育学概论[M]. 重庆：西南师范大学出版社，2007.

14.靳玉乐. 现代教育学[M]. 成都：四川教育出版社，2011.

15.马丁，郑兰琴. 培训课程设计与开发[M]. 北京：中国铁道出版社，2011.

16.张正顺. 解密三星培训之道[M]. 北京：机械工业出版社，2008.

17.高杉尚孝. 麦肯锡问题分析与解决技巧[M]. 郑舜珑，译. 北京：北京时代华文书局，2014.

18.凯·M.普赖斯，卡娜·L.纳尔逊. 有效教学设计（第四版）[M]. 李文岩，译. 北京：中国人民大学出版社，2016.

19.莎朗·L.波曼. 4C法颠覆培训课堂[M]. 杨帝，译. 北京：电子工业出版社，2015.

20.钟锐. 培训游戏金典[M]. 北京：机械工业出版社，2006.

21.Harold D. Stolovitch，Erica J. Keeps. 交互式培训［M］. 派力，译 . 北京：企业管理出版社，2011.

22.张德，吴志明 . 组织行为学［M］. 大连：东北财经大学出版社，2006.

23.米哈里·契克森米哈赖 . 心流：最优体验心理学［M］. 张定绮，译 . 北京：中信出版社，2017.